新时代大学生创业教育教程

主　编　闫小兵　高银玲
副主编　刘辉兰　王建慧
　　　　高敬旗　王文燕

中国教育出版传媒集团
高等教育出版社·北京

内容提要

  本书根据新时代政治经济发展背景，广泛借鉴国内外专家、学者的理论研究成果，吸收创业企业成功案例，针对新时代青年大学生的现实需求，对创业教育的基础理论、实践方法进行了系统性的梳理，将创业教育与大学生的个人发展紧密结合，围绕大学生创业各阶段可能出现的问题，就创新思维、创业能力、创业者和创业团队、创业机会识别、创业资源整合、新企业创办和成长等内容展开论述。

  本书可作为高等学校各专业大学生创业教育的教材，也可供创业者和社会读者阅读。

图书在版编目（CIP）数据

新时代大学生创业教育教程／闫小兵，高银玲主编
. --北京：高等教育出版社，2023.11
  ISBN 978-7-04-060440-5

  Ⅰ. ①新… Ⅱ. ①闫… ②高… Ⅲ. ①大学生-职业选择-高等学校-教材 Ⅳ. ①G647.38

  中国国家版本馆 CIP 数据核字（2023）第 079130 号

XINSHIDAI DAXUESHENG CHUANGYE JIAOYU JIAOCHENG

| 策划编辑 张海雁 | 责任编辑 张海雁 | 封面设计 马天驰 | 版式设计 杨 树 |
| 责任绘图 邓 超 | 责任校对 高 歌 | 责任印制 存 怡 | |

出版发行	高等教育出版社	网 址	http://www.hep.edu.cn
社 址	北京市西城区德外大街 4 号		http://www.hep.com.cn
邮政编码	100120	网上订购	http://www.hepmall.com.cn
印 刷	肥城新华印刷有限公司		http://www.hepmall.com
开 本	787 mm×1092 mm 1/16		http://www.hepmall.cn
印 张	13.75		
字 数	210 千字	版 次	2023 年 11 月第 1 版
购书热线	010-58581118	印 次	2023 年 11 月第 1 次印刷
咨询电话	400-810-0598	定 价	33.00 元

本书如有缺页、倒页、脱页等质量问题，请到所购图书销售部门联系调换
版权所有　侵权必究
物 料 号　60440-00

前言

创新是民族进步的灵魂，青年是时代发展的动力。大学生创新创业教育是高等教育的重要组成部分，是提升高等教育质量、促进社会经济发展的重要保障。2017年，习近平总书记在给第三届中国"互联网+"大学生创新创业大赛"青年红色筑梦之旅"的大学生的回信中提到："希望你们扎根中国大地了解国情民情，在创新创业中增长智慧才干，在艰苦奋斗中锤炼意志品质，在亿万人民为实现中国梦而进行的伟大奋斗中实现人生价值，用青春书写无愧于时代、无愧于历史的华彩篇章。"习近平总书记在党的二十大报告中指出，"科技是第一生产力""人才是第一资源""创新是第一动力"。这就需要大学把创新创业教育融入人才培养全过程，激发、引领、培养大学生的创新精神，锻造、发展、提升大学生的创业能力，把培养敢闯会创的新时代青年人才作为创新创业教育的最终目标。

本书针对青年学生的心理特点，以生动有趣的标题、新颖活泼的语言、严密有序的结构，系统梳理了创业教育的基础理论和实践方法，实现了以锻造精神为前提、以培养思维为宗旨、以提升能力为目标、以知识传授为基础的目的。本书在编写过程中，做到了内容有取有舍，案例中外兼具，具有贴近实际的特点。

本书既适合作为高等学校各专业学生创业教育的教材，也适合作为社会继续教育用书，还可以作为个人业余时间的自学用书。本书由河北大学闫小兵、高银玲总体策划，担任主编，由刘辉兰、王建慧、高敬旗、王文燕担任副主编。全书共八章，各章编写人员如下：刘辉兰编写第一、第二章；王建慧编写第三、第四章；高敬旗编写第五、第六章；高银玲编写第七、第八章；王文燕负责全书涉及政策方针内容等的审定；吕少明、唐家楠等在资料收集方面协助做了大量基础性工作。全书由闫小兵教授定稿。

本书在编写过程中，参考的大量相关教材、专著、期刊、论文等，已尽可能在书后参考文献中列出。若未列出，敬请谅解！由于编者水平有限，书中错误在所难免，欢迎批评指正。

编　者

2023 年 2 月

目录

第一章
创业与人生发展

　　我国正处在一个"大众创业、万众创新"的时代，促进创业已经成为"稳就业""保就业"和"扩大就业"的重要途径和方式。我国在经济高速发展过程中，出现了众多的创业机会和创业需求。国家高度重视创业工作，政府出台了一系列政策鼓励大学生创业，为大学生创业提供有力保障。从"从业就业"向"创新创业"过渡已经成为大学生就业趋势之一。青年是创业群体的中坚力量，而大学生作为青年创业群体的重要组成部分，必将放飞青春梦想，乘着创业时代的东风扬帆远航，书写人生华章。

第一节　创业离你有多远——为什么要创业

　　40 年前，对广大青年而言就业是唯一的选择；40 年后，越来越多的人加入创业的热潮中，去追逐梦想，实现自我价值。我国实行高等教育入学扩招政策 20 多年来，大学生的入学率在不断攀升，同时大学生的就业问题越来越凸显。如 2022 届高校毕业生，人数达 1 076 万人，比 2021 年增加 167 万人，毕业生人数再创历史新高，这也是年度毕业生人数首次突破千万大关。面对严峻复杂的就业形势，高校始终围绕培养创新型、应用型、复合型人才的要求，坚持知识、能力、素质、人格并重。高校不断深化创新创业教育改革，不断优化创新创业课程，目的不是让所有学生都去创业，而是通过课程教学转换学生的就业观念、培养学生的开拓精神、提高学生的创业意识，增强学生的创业能力，促进学生全面发展，让更多有梦想、有意愿、有能力的人拥有机会成就自我，实现大学生更加充分更高质量就业。

一、最好的创业时代

随着国家对创新创业的大力支持，各级政府对创业高度重视，出台的相关扶持政策不胜枚举，创业生态也在不断优化。目前创业的大潮已覆盖世界上越来越多的国家。我国政府及各个机构组织提供的便利条件、优惠政策，都向青年大学生、创业团队敞开了大门。改革开放开启了新中国的创业征程，20世纪80年代出现了个体户，他们从一个城市到另外一个城市，以低价买进商品，高价卖出赚取差价。1992年邓小平南方谈话后，中国在改革开放的道路上阔步前行，20世纪90年代下海经商成为一个热词，随着《有限责任公司实行条例》《股份公司实行条例》这两个条例的颁布，中国诞生了现代企业制度和现代企业家。2000年互联网开始普及，一大批互联网企业应运而生，如腾讯、百度等。第四次创业浪潮聚焦的是创新技术，人工智能、数字经济、新能源技术等，我国经济转向高质量发展阶段，新技术新业态不断涌现，这是新时代青年难得的建功立业的机遇。2014年，教育部印发了《关于做好2015年全国普通高等学校毕业生就业创业工作的通知》，该文件要求高校加大对大学生自主创业的资金支持力度，提出要建立弹性学制，允许在校学生休学创业。国务院办公厅于2021年印发的《关于进一步支持大学生创新创业的指导意见》指出，大学生是大众创业、万众创新的生力军，要不断优化大学生创新创业环境，大力支持大学生创新创业。一系列的优惠政策点燃了大学生创业的激情，越来越多的大学生走进创业的行列中，以智慧和勇气为翼，来追逐梦想，实现人生价值。

二、全民的创业时代

21 世纪，注定是一个全民创业的时代，随着创业门槛的降低，人人可以创业。创业的地域范围更加广泛，在 960 万平方千米的土地上都可以创业。创业者来源多样化，除下岗工人、企事业单位的员工、海外归国人员、退役军人等群体外，许多大学生也将创业作为自己的人生选择。在经济进入新常态背景下，"大众创业、万众创新"将成为中国经济的新引擎。当下市场的准入门槛降低，国家的扶持政策进一步落地，让有创业梦想的大学生都能够创业。2021 年印发的《关于进一步支持大学生创新创业的指导意见》，推出了一系列政策鼓励大学生创业。降低大学生创新创业门槛，落实落细减税降费政策，加强对大学生创新创业的金融政策支持，同时引导社会资本支持大学生创新创业，助力大学生创新创业项目健康成长。

不可否认，创业的门槛低了，手续少了，支持力度大了，走进创业队伍的大学生也越来越多了，在鼓励创业的大氛围中，社会各方面的积极投入，使得大学生创业的概念越来越深入人心。

三、多元的创业时代

随着社会的发展和科技的进步，我们进入了一个开放的、多元的创业时代，这个时代为大学生提供了更多可能性。首先创业人群日趋多元化，国家大力支持大学生等群体创业，出台了很多利好政策，创业群体越来越丰富。其次，创业方式日趋多元化，如网络创业、连锁创业、兼职创业等模式不断成熟，为创业者提供了更多可供选择的创业路径。除此以外，创业渠道与模式也进一步多样化发展。除了传统的实体创业外，互联网的飞速发展也催生了如滴滴打车、喜马拉雅、哔哩哔哩、小红书、抖音、火山小视频等互联网媒体平台，微信小程序、App 等的兴起，使得创业途径更多样，创业也更"平易近人"。

随着创业多元化，越来越多的创业者利用多种多样的创业途径，积极投身创业活动，从而形成了"大众创业、万众创新"的全新面貌。轻创业、微创业正在社会上悄然兴起。所谓"轻创业"是一个非常新的概念，很多"轻创业"行为的深层次根源来自内心深处创业的激情，轻创业的核心理念是"用心做小"。轻创业深得大学生创业者的青睐，是因为轻创业项目绝大部分都跟互联网有关，大学生是网络世界的原住民，能够驾轻就熟地使用互联网，轻创业团队人少、钱少、零库存、便捷等特点，适合有创业意愿而资源不足的大学生们。微创业是用微小的成本进行价值创造的行为过程，创办小微企业、利用微平台、网络平台创业，个体经营或兼职经营都属于微创业，以线上与实体的结合形式而展开。其主要特点是投资少，见效快、可批量复制，微创业要求创业者要独具慧眼，发现需求马上行动。轻创业、微创业已成为国家经济活力的象征，14 亿人中 0.1%的微小需求就潜伏着巨大的市场。

"条条大路通罗马"，成功的道路千万条，创业的魅力在于没有固定的模式，只有敢走前人未曾走过的路，才能另辟蹊径，走出自己的一片天地。目前我们处于最好的创业时代、全民的创业时代、多元的创业时代，创业氛围浓郁，怀揣梦想的大学生可以充分利用国家的利好政策，做到敢创业、能创业、创成业。

第二节　揭开创业的神秘面纱——了解创业

大学生在决定创业之前必须认真思考，何谓创业，创业包含哪些要素与过程，创业对社会发展有哪些影响，创业能为大学生带来什么益处，创业需要付出怎样的努力。本节正是从这些问题入手，为读者打开创业之门，并为后续的创新创业学习奠定基础。

一、创业的定义与要素

（一）创业的定义

《孟子·梁惠王下》中有这样一句话，"君子创业垂统，为可继也。"这是"创业"一词在我国最早的出现。"先帝创业未半，而中道崩殂"，诸葛亮在《出师表》中的"创业"有开疆拓土之意。《辞海》将创业解释为"开创基业"。创业在《现代汉语词典》里的解释为"开创事业"。中国的汉字是从象形文字发展而来的，创业的"创"字，左边是个仓，意思是储存东西，即创业需要各种资源的整合；右边是个立刀，寓意是创业过程中充满了刀光剑影，困难重重。"业"字形似两人背靠背在同一条船上，意为互相支撑，同甘苦、共命运。

创业在学术上的定义有很多解释、很多学派，如"风险"学派、"领导"学派、"创新"学派、"认知"学派、"管理"学派等。目前大家比较认可的是李志能和杰弗里·蒂蒙斯的观点，李志能认为"创业是一个发现、抓住机会并在此基础上创造出新产品、新服务的过程"。而杰弗里·蒂蒙斯认为"创业是关于思考、推理和行动的方法，它受到机会的影响，但更重要的是创业者要掌握创业技巧和艺术"。

以创造价值和就业机会为目的，通过组建一定的企业组织形式，为社会提供产品或服务的经济活动称为创业。这种创业对创新的要求并不一定很高，更多的是强调有组织的经济活动。创业就是赋予资源以新的创造财富能力的行为，以实现创造价值为归属。目前最受认可的是哈佛大学史蒂文森教授的创业观点，他认为"创业是不拘泥于当前资源约束，寻求机会进行价值创造的行为过程"。

（二）创业的要素

创业是一项艰苦的事业，也是一个复杂和复合的系统。创业需要诸多前提、条件、资源和要素。迄今为止，最为典型和公认的是蒂蒙斯提出的创业要素模型——蒂蒙斯模型。蒂蒙斯模型在创业领域有着深远的影响，该模型提出创业机会、创业者及创业团队、创业资源是创业的三个核心要素，这三个核心要素在创业过程中是不可或缺的。创业的核心驱动力是具有较强吸引力、较为持久的商业机会，创业从发现和识别创业机会开始。创业机会指没有被满足的市场需求，它是市场中现有企业留下的市场空缺，可以是一个新的市场需求，可以是一个需求大于供给的市场需求，或者是一个可以开辟新产品的市场需求。创业者及创业团队能否有效识别和开发机会，能否为客户提供有价值的产品或服务，同时自己能否获益是衡量创业成功的重要标准。创业团队就是由两个或两个以上相互作用、相互依赖的个体，为了特定目标而按照一定规则结合在一起的组织。创业团队由两人或两人以上组成，团队成员能力互补，拥有共同的愿景和价值观，相互信任、自觉合作，为完成目标与任务积极努力。在此基础上，团队成员愿意为共同的目标奉献自己，发挥自己最大的潜能。创业资源是指新创企业在创造价值的过程中需要的各种生产要素与支撑条件，包括有形资产与无形资产，它是新创企业创立和运营的必要条件，主要表现形式为创业人才、创业资本、创业机会、创业技术和创业管理等。

蒂蒙斯模型突出了要素之间匹配的思想。蒂蒙斯认为，在创业活动中，无论机会、团队还是资源，都没有好和差之分，重要的是匹配和平衡。创业三要素很重要，但不是静止不变的，随着创业活动的进行，创业的三要素相互作用，逐渐形成最适合的搭配，在模糊和不确定的动态创业环境中捕捉商机，整合资源，提升创业者发现问题、解决问题的能力。

二、创业的类型、过程与功能

随着创业活动的日益广泛，创业活动的类型也呈现出多样化的趋势。了解创业类型，比较不同类型创业活动的特点，有助于我们更好地理解和开展创业活动。创业类型的划分方式有很多，本书从创新思维、创业能力、创业者和创业团队、创业机会、创业资源等方面，以全面的视角看待创业，对创业的类型进行划分。

（一）创业的类型

1. 根据创业动机可分为生存型和机会型创业

全球创业观察（Global Entrepreneurship Monitor，简称 GEM）在 2001 年的报告中首次提出了生存型创业和机会型创业。生存型创业的动机不是为了自我实现，往往是因为迫于生计或为了改善生活条件而进行创业，多属于被动型创业。在资源相对匮乏的情况下，创业者只能在现有市场中捕捉机会，创业领域多集中在低成本、低门槛、低风险、低利润的小规模的商业贸易，技术含量不高的加工业或成本较低的电商行业等，多偏向于尾随和模仿优秀的创业者和创业企业。虽然其利润不是很高，但是可以满足基本的生存需求。机会型创业着眼于开拓新的市场，发现高价值的创业项目，满足市场潜在需求，带动新产业的发展。机会型创业不仅可以解决个人就业问题，还可以带动更多人就业，产生更大的经济效益。

2. 根据创业起点可分为新创企业、企业内部创业

新创企业是指企业从无到有，从 0 到 1，如阿里巴巴、苹果公司、Facebook、微软、谷歌等企业，在其初创阶段，一方面面临风险挑战，另一方面收获丰厚回报。企业内部创业是近年来兴起的一种新的现代企业管理机制，意在变革企业组织结构、开发升级新产品、留住人才、激发员工潜能。为了充分利用企业内外部资源，企业鼓励内部有创业梦想的员工，同时也欢迎外部创客，开展与企业的主业关联的项目或与企业的主业完全无关的项目，通过企业的创业孵化平台，实现从创意到创业，实现市场独立价值，最终以获取相应股份或分红等形式与企业分享创业成果。企业内部创业为企业发展注入新的活力，使企业的生命周期不断地在循环中延伸。京东鼓励员工内部创业，2015 年 3 月份京东"拍到家"App 上线，4 月份"拍到家"正式改名"京东到家"。"京东到家"是京东旗下同城业务品牌，主打 2 小时快速配送，依托"京东"App 等，为消费者提供一站式城市生活服务。

3. 根据创业项目性质可分为传统技能型、高新技术型和知识服务型创业

传统技能型创业是指使用传统技术、工艺进行创业，比如中药、刺绣、木材加工等，传统技能项目在市场上依然有很强劲的竞争力。高新技术型创业是指具有前沿性、开发性、知识密集度高的新技术、新产品创业项目，比如将航天等高新技术领域的成果实现产业化，形成新产品。知识服务型创业是指通过创业项目满足人们获取知识、信息的需求。当今社会，会计师事务所、律师事务所、咨询公司等各类知识性咨询服务机构不断增加，现在依托互联网的知识付费就是知识服务型创业，这类项目投资少、见效快，竞争也日趋激烈。

4. 根据创业方向和风险可分为依附型、尾随型、独创型和对抗型创业

依附型创业多依附于大企业或产业链，成为大企业的供应商是创业者初期的最好选择，他们为大企业提供配套服务，如利用知名品牌效应和成熟的经营管理模式，通过连锁加盟等方式创业。尾随型创业是模仿行业内已有同类企业或类似经营项目，边做边学，短期内不求超过他人，只希望能拾遗补阙，生存下去，再逐渐踏入强者行列。独创型企业是指提供的产品和服务具有独创性，无论是独创产品还是独创技术，都能填补市场空白，其他企业难以模仿并与之竞争。对抗型创业是指已知其他企业已在某个行业或者市场形成垄断，"明知山有虎，偏向虎山行"，依然选择进入这一行业或者市场并与之对抗较量。

5. 根据创新内容可分为基于产品创新的、基于营销模式创新的和基于组织管理体系创新的创业

基于产品创新的创业是指基于技术创新或工艺创新的成果，产生了新的消费者群体，从而导致创业行为的发生。基于营销模式创新的创业是指为了给消费者带来更好的体验与满足感，采取一种有别于其他厂商的市场营销模式。基于组织管理体系创新的创业是指为了更有效地实现产品的商业化和产业化，而不断创新企业组织管理体系，采取一种有别于其他厂商的企业组织管理体系。

（二）创业的过程

创业是不拘泥于当前资源约束，寻求机会进行价值创造的行为过程。创业既可以是现有基础上的革新，也可以是从无到有的创造，创业的发展在于它的增值效果，没有增值，生产就没有意义。创业过程包括创业者发现并评估商机，整合自身资源并将商机转化为企业，以及创业者对新创企业进行成长管理等。创业过程通常分为以下六个主要环节。

1. 产生创业动机

创业动机是创业者由于个体内在或外在的需要而在创业时表现出来的目标或愿景，在创业过程中驱动着创业者的行为，激励创业者不断发现问题、解决问题。创业活动的主体是创业者，创业活动首先取决于个人是否有意愿成为创业者，进而认真思考创业的想法、目标与收益等。一个人能否成为创业者，会受三个方面因素的影响：一是个人特质。每个人都是不同的个体，由于家庭、教育、成长环境不同，创业精神与对创业的渴望程度也不同，所以就会出现不同人的创业精神强弱不同。众所周知，温州地区的人经商较多，创业意愿相对强烈，不得不说环境在其中发挥了很大的作用。二是创业机会。政策制度的出台、特定的时代背景、市场经济制度都会对创业的条件和机会起到促进作用。好的创业机会不是突然出现的，而是对"一个有准备的头脑"的回报。成功的创业者能敏锐地抓住国家出台的政策，审时度势充分利用市场经济的利好制度。良性的市场环境无疑增加了创业的机会，引导更多的人尝试创业。社会经济转型、技术进步等多方面的因素在使创业机会增多的同时，也会降低创业门槛，进而促成更大的创业热潮。三是创业的机会成本。一般来说，如果人们能从其他工作中获得高收入和满足需求，创业动机就会比较弱。创业的机会成本与创业动机呈现负相关。

2. 创业机会的识别与寻找

创业机会识别是对可能成为创业机会的各种事件的分析和创业预期结果的判断，识别创业机会是创业过程的核心环节。识别创业机会包括发现机会来源和评价机会价值，一般应澄清四个基本问题。第一，机会来自何方？创业者应该从何处识别和寻找创业机会。第二，受何影响？创业者应该找到影响创业机会的相关因素。第三，有什么价值？创业者应该找到创业机会所具有的并能被评价的价值。第四，实现途径如何？创业者应该明了通过何种形式或途径使机会变成实际价值。围绕这些问题，创业者需要经常与合作者沟通交流，这有助于更广泛地获取信息，创业者也要做到细心观察，以便从以往工作和周边的环境中发现问题，看到创业机会。

3. 资源的整合

资源是创业的基础性条件，整合资源是创业者开发机会的重要手段。创业者初期表现最为突出的是资源的有限性，可用资源较少。有效整合资源是帮助和实现创业的第一步。创业活动中必需的基本生产要素包括人、财、物。创业者需要整合资源，要能组建团队并能有效地进行创业融资，当然还必须具备创业的活动场地和平台等基础设施。由于创业具有很大的不确定性，所以，创业者在创业初期乃至新企业成长的很长一段时间里，都会把主要精力放在资源的获取上，以解决公司和企业的生存问题。

4. 创建新企业

新企业的创建是创业者创业行为最为直接的标志。在机会和资源都准备充分的情况下，创业者可以尝试创建新企业。创建新企业需要做大量的前期准备工作，如公司制度设计、企业注册、经营场地的选择、进入市场的途径等。创建新企业可以选择完全新建企业，也可以通过加入或收购现有企业进入市场。值得注意的是，许多创业者在创业初期迫于生存的压力，以及对未来缺乏准确预期，在利益分配、奖励机制、资本预算等方面没有建立完善的机制，这会成为以后企业做大做强的绊脚石。

5. 新创企业的成长

企业初创成功，并不代表创业已获得成功，新创企业成长管理的难度甚至不低于创建新企业，创业者能否提供市场价值，关系到新企业的生存与成长。因此，创业者必须面对挑战，采取有效措施，选择妥当的融资方式，抓住企业与市场上已有企业的差异性，制定适合企业自身的战略定位，灵活运用人力资源管理和营销策略，不断地让客户受益，从而获得企业的长期利润，逐步把企业做活、做好、做大、做强。

6. 创业的收获

对回报的正当追求是创业活动的目的，这有助于强化创业者对于所从事事业的执着。创业者的动机不同，对获取回报的方式和满意程度也有所不同。对多数年轻创业者来说，获取回报最为理想的途径之一是，把自己创建的企业尽快发展成为一家快速成长型企业，并在社会中站稳行远。

（三）创业的功能

创业是经济活力之源，社会进步之翼。创业通常具有如下功能。

1. 创业可以缓解就业压力，促进就业

作为一个拥有 14 亿人口的大国，我国有着庞大的就业人群。近年来，我国的就业人数持续增加，就业总量压力增大。特别需要关注的是，随着高等教育数量和规模的扩张，大学毕业生的就业问题也日益凸显。创业可以提供就业岗位，不仅可以解决个人就业与发展问题，还能够带动更多人就业。创业有助于扩大就业的"倍增效应"，是一种更高层次的就业。全社会广泛深入地开展创业活动，不仅有利于解决社会的就业问题，还在一定程度上促

进了社会的和谐稳定。

2. 创业促进人的全面发展，实现自我价值

创业不但是一个充分实现自我的机会，更是发挥个人潜能的舞台。1945年，美国人本主义心理学家马斯洛提出了"需求层次理论"，把人的需求分为从低到高的五个层次，即生理需求、安全需求、归属和爱的需求、尊重需求、自我实现需求。自我实现是人们充分利用外部和内在的条件，发挥自身潜能的心理需求，是一种把人的潜力发挥到极致的根本欲望，是人们追求成功的动机。

当下知识和管理已成为重要的生产要素参与增值和分配，创业需要创业者了解和掌握市场调查、创意产生、资源获取、市场营销、企业管理等许多知识。除此之外，创业者还需具备创新能力、组织领导能力、协调沟通能力、动手能力、策划决策能力等，所以创业者必须具有一种终身性、开放性的学习精神。创业活动可以促使人的能力和素质不断提高，促进人的全面发展，实现自我价值。

3. 创业促进经济和社会发展

伴随着新技术、新工艺、新方法进入市场，大量科研成果被转化，毫无疑问创业为经济发展注入了活力。促进经济发展和社会进步，最直接的体现就是使 GDP 增长。在知识经济条件下，创业型就业已经成为解决经济问题与就业问题的基本思路，创业扩大了就业，创造了更多的社会财富，同时也推动了经济发展，从而实现经济发展与扩大就业的良性互动。

4. 创业促进创新型国家建设

创业是新理论、新技术、新知识、新制度形成现实生产力的转化器。当前，我国在技术上，尤其是先进科学技术上存在一定程度的对外依赖，关键技术自给率还没有达到预期，科技成果转化率不理想，能够形成产业规模的比例依然不高。要想在激烈的竞争中占据一席之地，我们要充分利用创业企业的新发明、新产品或新服务等，来不断满足新的市场需求，从而进一步深化科技创新，提升国家的创新能力，推动中国制造向中国创造转变，中国速度向中国质量转变，中国产品向中国品牌转变，使得中国创造在全球创新版图的贡献度日益凸显。

（四）创业的难与险

创业是就业的最高形态，创业之路千辛万苦。大学生选择就业还是创业，向左走还是向右走，这是每一个大学生都需要好好思考的问题。《2017年中国大学生创业报告》显示，30%的在校大学生创业意愿强烈，与2016相比，上升了8%；更有3.8%的学生表示一定会创业，有一定创业意愿的学生占57.9%，从未想过创业的只占1.1%。大学生的创业热情持续高涨，但是大学生的创业失败率也较高。因此大学生创业，不仅要积极学习创业的基础知识，还要精心挑选创业项目，不断积累管理能力，同时做好面对失败的心理准备。

创业激情难能可贵，创业听起来振奋人心，但创业不是文艺修辞，不是口头陶醉。创业是实实在在地投入青春、精力和金钱，而能否成功，还有很大的不确定性。所以创业是一条艰难与希望的并行之路，不是"说走就走的旅行"。创业不是对现实的一种逃避，创业是一项非常艰巨的事业，也是一个烦琐而且复杂的系统。创业并不是单凭一腔热血就可以做出的决定，创业历程如四季一样，既有高峰低谷，也有暖春寒冬。创业有风险，选择需谨慎。走上创业道路之前，你不仅需要拥有高价值的创业项目，齐备的创业资源，团结的创业团队，更要做好"通关打怪"的心理准备，在创业的道路上你要闯过"九九八十一难"，因为创业是一项高风险的商业活动，存在诸多不确定性，面临许多障碍和风险。创业是商业价值的挖掘与实现，捕捉商机并得到市场信任的过程。要组建自己的创业团队，要多利用政策、技术、人才、信息、渠道、品牌等获取足够的创业资源并有效整合，因为创业这张试卷有一百道题要回答，不能只回答一道题就觉得高枕无忧了。常见的创业难的第一个问题是资金。大多数人也许觉得自己有优秀的创意，只是缺乏资金，无法将项目付诸实践。第二个问题是技术。随着技术的不断更新和升级，只有创业的激情、优秀的创意及自己的团队是不够的。商场如战场，一旦你踏入创业的门槛，就必须吸引足够的优秀技术人员加入创业团队中来，为创业做好技术准备工作。第三个问题是欠缺必要的管理经验，市场运作、策划能力等，你难免会为走弯路"买单"。

"不经历风雨，怎么见彩虹，没有人能随随便便成功"，要解决大学生创业的问题，不仅需要从外部解决营造创业氛围和优化创业环境的问题，更需要大学生从内部不断地磨炼意志，不断学习和掌握新的本领来提升综合素质，这将更好地助力大学生追随梦想勇敢前行，去寻找人生的别样精彩。

（五）创业与职业生涯发展

古人云"凡事预则立，不预则废"，成功不会垂青没有准备的人，做好职业生涯规划对一个大学生的个人发展至关重要，这是自我认知、自我探索的有效途径。在这个信息大爆炸的时代，只有做好合理有效的职业规划才能以不变应万变，才能把握好人生方向。一份好的创业规划应该涵盖三个主要内容：我能够做什么，社会需要什么，我拥有什么资源。因此，大学生就有必要进行自我分析、环境分析和关键成就因素分析。

首先，我能够做什么。就是进行自我分析，分析自己能够做什么。对于一个创业者来说，知道自己想干什么是不够的，还应该结合兴趣、特长、性格、技能、智商、情商、思维方式等方面进行自我评估。通过自我认知，可以清晰地了解自我的长处和短板，明确奋斗目标、愿景，包括职业目标、收入目标等，才能锲而不舍、贯穿始终地执行。其次，社会需要什么。这是进行环境分析，分析社会的需求是什么。创业者进行职业规划时，除了考虑想做与能做之外，还应考虑社会的需求是什么。假若创业者选择的领域是自己喜欢并与自己的能力相匹配的领域，若不符合社会的需求，这种创业想必也不会有前途。实现自我分析、环境分析与社会需求同频并非易事，因此在选择创业目标时，我们应该进行多方面的探索，以期得出客观而正确的判断。再次，我拥有什么资源。这是关键成就因素分析，分析自己拥有什么资源。创业会依赖各种各样的资源，创业者应该掌握能支持创业的启动、创业成功之后可持续发展的资源情况，除了资金，还包括社会关系、人际关系，以及人际关系的进一步扩展可能带来的各种具有支持性的东西。

总之，一份成功的创业规划需要将个人理想与社会实际结合起来，帮助一个人进行自我认知，有效评估内外环境的优势、不足，只有这样才能使得创业方向合理且可行。只有当自身因素和社会条件完美契合时，才能做到扬长避短，创业规划才更具操作性。成功的创业规划根植于对以上三个原则进行准确的把握与完美的结合。

（六）想创就创——大学生创业现状

美国社会学家玛格丽特·米德在《文化与承诺》一书中，将时代划分为前喻文化时代、并喻文化时代、后喻文化时代。所谓的后喻文化，就是年轻人因为对新观念、新科技良好的接受能力超越他们的前辈，年长者反而要向他们的晚辈学习。当前我们处于后喻文化时代，在校的大学生都是 95 后，甚至 00 后，他们是网络数字世界的"原住民"，从一出生就畅游在网络世界中，恰逢以互联网和创新为特征的中国第四次创业浪潮。这些青年人朝气蓬勃、思维活跃、心怀梦想，是创新创业的中坚力量。

1982 年，清华大学举办了"挑战杯"学生科学技术作品竞赛活动。为了进一步推动大学生课外科技活动的开展，在共青团中央、国家教委的支持下，1989 年清华大学举办大学生课外科技活动成果展，并沿用了"挑战杯"的名称。1999 年由共青团中央、中国科协、全国学联主办，清华大学承办的首届"挑战杯"中国大学生创业计划竞赛成功举办，创业的热浪一下子从清华园向全国各地扩散。自此两个"挑战杯"项目的全国竞赛交叉轮流开展，每个项目每两年举办一届。"挑战杯"竞赛也催生了相当数量的新公司，大学生创业的作用和价值逐渐被社会各界认可。目前国家和各级政府纷纷出台相关的政策、法规，期望进一步引导和鼓励大学生创业。近年来，越来越多的大学生走进创新创业的行列中，他们勇于创新、勇担使命，不断在创新创造中博得了人生出彩的机会。

不可否认，大学生创业有着自己独特的优势。大学生年轻，思维活跃，精力旺盛，自信心十足；文化水平较高，专业知识较丰富；学习能力强，接受新事物快；创业意愿强烈，根据《2021 年中国大学生创业报告》，有尝试创业想法的学生高达 96.1%，但真正付诸实践及准备的只有 14%。可见，大学生创业还停留在多数人心动、少数人行动上面，实际上创业率不高，科技转化率低。

纵观大学生创业的各种案例，创业的动机多种多样，很多人会把创业想当然。有的人是崇拜偶像，有的人有想当老板的心态，也有的人的确是想实现自我价值。大学生由于缺乏社会经验、商业管理经验、市场意识和社会资源，创业失败的案例不胜枚举。目前在我国社会中，对大学生创业抱有怀疑态度的人不在少数，大学生创业还没有赢得社会、家庭以及个人的完全认可和支持。

第三节　人生意志的另类体现——创业精神

创业精神是一种以创新、变革为核心的个性品质，也是一种主动创造精神，创新是创业精神的灵魂。具备创业精神对创业者来说至关重要，依靠创业精神的支撑，创业者在艰难的创业道路上开创出了一片新天地，从"山重水复"走到"柳暗花明"。创业精神是创业的动力，对推动社会经济变革，促进社会经济发展具有重要作用。

一、创业精神的定义与要素

（一）创业精神的定义

创业精神最早被提出是在 18 世纪，创业精神是创业者在创业过程中具有开创性的思想、观念、个性、意志、作风和品质等重要行为特征的高度凝练，主要表现为勇于创新、敢当风险、团结合作、坚持不懈等。创业精神有三个层面的内涵：哲学层次的创业思想和创业观念，是人对于创业的理性认识；心理学层次的创业个性和创业意志，是人们创业的心理基础；行为学层次的创业作风和创业品质，是人们创业的行为模式。创业精神的本质是创新意识和主动精神。

（二）创业精神的要素

1. 创新是创业精神的灵魂

每一位创业者手中都高举一面创新的旗帜，无论是产品创新还是技术创新，是市场创新还是组织形式创新，鼓励创新，鼓励独树一帜，只有这样才能改变现状、发现问题，才可能创建新颖独特的企业，并保持一个企业的特色和可持续发展。

2. 冒险是创业精神的天性

创业是从零开始、从无到有、从小到大不断前进的创造过程。无数创业者的经历证明，创业者尽管成长环境、成长背景、创业动机不同，但天下没有一帆风顺的成功之路，相反，在创业的道路上，不变是偶然，变化是常态，风险与我们如影随形，我们经常会与险滩沼泽不期而遇。在今天开放的全球化背景下，随机性和偶然性更大，不确定性日趋增强。在这种情况下，敢于冒险，勇于创新，有甘冒风险和承担风险的魄力，才能成为成功的创业者。

3. 合作是创业精神的精华

当今社会行业分工越来越细，单打独斗很难走远，合作是创业成功的关键词。创业者应讲求合作精神，号召大家抱团取暖，尤其是在企业面临困境时，团队成员更应该团结一心，奋力拼搏。

4. 坚持是创业精神的本色

行胜于言，无论是建立新企业还是内部创业，都离不开实实在在的行动。创业阶段甚至需要 100% 的付出，创业的过程必然伴随着各种艰辛和曲折，遇到困难的时候创业者要不消沉不抱怨，时刻为自己鼓劲，坚持不懈，咬定青山不放松。对普通人而言，一次失败是一种打击；而对企业家而言，失败则是一座桥梁。万丈高楼平地起，只有一步一个脚印夯实基础，努力坚持才是创业通向成功的入门券。

二、创业精神的来源与特征

（一）创业精神的来源

创业精神并非天生，而是在一定的社会、经济、政治、文化、产业等环境中形成的。换句话说，创业精神的形成因素主要有文化环境、产业环境、生存环境等。

1. 文化环境

创业者离不开现实文化环境。创业本身是一种学习。作为学习者，其所生活区域的文化就是学习的重要内容之一。因此，在一个商业文化氛围浓厚的地方，潜在的创业者容易培养创业精神。

2. 产业环境

产业环境对创业精神有着很大的影响。当一个人处于激烈的市场竞争中时，企业间遵循优胜劣汰法则，创业者面对激烈的市场竞争，更容易激发创业精神。相反，对于垄断行业而言，由于企业间缺少竞争，创业精神的产生就会被不同程度地抑制。

3. 生存环境

常言道，"穷则思变"。从生存环境来看，资源贫瘠、条件恶劣的区域往往能激发人的斗志。对于初次创业者而言，尽管资源有限，但努力想改善现状，不断寻求发展的想法，可不断激发起创业者的创业精神。

（二）创业精神的特征

1. 高度的综合性

创业精神是由开创性的思想、观念、个性、意志、作风和品质等特质综合作用而成的。

2. 三维整体性

创业精神的产生、形成、内化、外显、展现和外化，都是由创业思想、观念，创业个性、意志，创业作风、品质三个层面所构成的，缺少其中任何一个层面，都无法构成创业精神。

3. 超越历史的先进性

创业精神具有前瞻性，具有创业精神的创业者所从事的是前无古人的事业，往往能够突破历史，超越窠臼，开创前人想所不敢想、做而不敢做的新事业，必然具有超越历史的先进性。

4. 鲜明的时代特征

创业精神的物质和精神基础随着不同时代人们的追求而不同，同时创业精神的具体内容也不同。

三、创业精神的作用

创业活动的频繁，代表着国家经济的繁荣。创业可以增加国民经济的产出和收入，还可以在企业和社会领域发动和组织变革。创业是一个国家经济发展和社会发展的推动力，创业精神作为内在动力机制，能够点燃创业者的创业欲望，鼓励有创业意愿的创业者投身创业实践。创业精神被誉为人类最宝贵的财富。

（一）创业精神是经济发展的原动力

创业精神对一个国家和地区的经济发展具有巨大的推动作用。创业精神不但能够催生大批创业者和新企业，而且能够造就快速发展的新行业。这些新行业能更好地利用社会资源，高效能发展，解决改革开放以来高耗能、低产出的传统行业带来的社会、生态问题，提供节能环保的产品，维护生态平衡，呼应"绿水青山就是金山银山"的时代发展要求，进而促进社会经济的可持续发展，实现企业的长久经营。这一切都需要拥有创业精神的现代企业家。

（二）创业精神是解决就业问题最有效的措施

创业精神在刺激经济增长和创造就业机会方面发挥着重要作用，大力倡导创业精神，有利于营造良好的创业环境和氛围。各国的实践证明，成功的企业能够带来更多的就业机会，不断增加收入和减少贫困。因此，国家对创业进行大力支持，无疑是促进经济发展的一项极为重要的策略。

就业难是近年来我国面临的最大的社会问题之一，就业问题是民生问题。在这种情况下，单靠政府和现有的企业，无法从根本上解决就业问题。因此，大力弘扬创业精神，鼓励和扶持创业，已经成为有效解决就业问题的必然措施。

（三）创业精神是促进科技成果转化的根本动力

当下我国经济发展步入新常态，在经济发展过程中，面临的深层次问题日益凸显，科技成果高效转化，国民经济整体实力不断提升，快速实现跨越式发展成为重中之重。科技是第一生产力，促进科技成果转化为生产力，首先要促进科技成果的产生，其次要促进科技成果快速、顺利地转化。而倡导创业精神，鼓励更多的有创业意愿的人去创业，则是实现上述两个促进的根本性措施。倡导创业精神，要加强知识创新和技术创新，发展高科技，实现产业化，让科技成果加速转化。

四、创业精神的培养

（一）培养创业人格

"远见卓识""敢为人先""坚持到底"等个性特征对创业来说非常重要。所以，培养创业精神，要注重对创业能力与创业人格的培养。同时创业者还应该掌握一定的心理学知识及具有一定的社会适应能力，努力做到坚韧不拔与艰苦奋斗，进一步提升应对挫折的能力。

（二）培养创新思维

创新思维是创业精神的核心。大学生在日常的生活和学习中要保持好奇心和求知欲，凡事敢于挑战，多问为什么，不唯书、不唯上，突破窠臼，培养科学精神，自觉培养创新思维。

（三）融入创业文化

校园文化对学生具有陶冶功能、激励功能、导向功能，是学生成长的外部环境。学生应积极参与融入创业精神的第一课堂、第二课堂学习，与成功的企业家或者优秀校友交流，学习创业成功的案例，增强创业信心，自觉向创业榜样看齐。一个人一旦在生活和实践中培养了创业精神，就会拥有一系列优秀的习惯，无论走到哪里都会发光，凭借这些优秀的性格和品格，无论是就业还是创业，都会是一个不断进取、不断创新、勇于探索的人，最终会成长为一个为社会带来巨大价值的人。

（四）强化创业实践

"纸上得来终觉浅，绝知此事要躬行""实践出真知"，大学生应主动参与社会实践，不断增强对企业和社会的了解，在实践中积累经验，在挫折中"吃一堑长一智"，提升解决实际问题的能力，形成正确的创业认知。

综上所述，创业精神包含激情、积极性、适应性、领导力和雄心壮志，是积极向上、不断进取、敢于尝试、勇于拼搏、善于学习、胸怀大志、不怕吃苦、不惧失败和困难的人生态度，这些人生态度是每一名创业成功人士身上凝结出来的重要品质，是我们每一个人都应该具备的生活态度。诚然，并非每一个人都一定要去创办一个企业，但至少每个人都应该积极培养自己的创业精神，让创业精神助力自我价值的实现。

五、创业精神与人生发展

创业精神，是一种不满于现状、敢于创新并承担风险的精神，更是一种在资源约束的情况下把握机会创造价值的认识。无论创业者从事什么样的行业，创业精神在个人职业生涯发展中都发挥着重要的作用。

（一）创业精神决定个人职业生涯发展的态度

对年轻人而言，职业选择对个人及社会都有极其重大的影响。对个人而言，合适的职业选择将带来未来事业的成功；对社会而言，个人择业适当，能带来社会人力资源供需的平衡。每个人都适才适所，才会有良好的发展前途，相反则会出现个人发展受限，甚至导致一系列社会问题。

大学生选择了创业这条充满未知与挑战的道路后，就成为一名真正的创业者，这时就需要创业者树立积极向上的生活态度，主动自我管理、自我决策、自我规划。遇到顺境时居安思危，不懈进取；身处逆境时，不消沉，不抱怨，以"天将降大任于斯人也，必先苦其心志，劳其筋骨"来鼓励自己，排除万难，找到重新出发的方向。因此，创业者应该打造自己过硬的创业能力，在实践中练就和提升自己发现问题、解决问题的能力，只有这样才能更好地发现和把握机会，大大提高创业的成功率和成就感。

（二）创业精神决定个人职业生涯发展的高度

创业精神是一个人核心素质的集中体现，不论我们选择就业还是选择创业，都应该具备目光远大、心胸宽广的特质，以便在职场或商场上能够敏锐地洞察商机、灵活应变，这是与自身的创业精神和创新意识相关的。如果说创业者是天生的，这是指他们潜意识里存在创业的因子，但是成功的企业家一定是学习出来的，只不过他们不仅在教室里，而且在社会实践中增长和强化了创业能力。

为什么同样是一个时代的人，创业的结果却又那么不同呢？有没有一些方法和规则，可以让后来者也步入成功的殿堂呢？这个答案是肯定的。人生需要理想和目标，创业也需要提前规划，古人常说的所谓"立志要早"，就是要较早开展职业生涯规划。国家经济飞速发展，社会结构不断调整，给创业者提供了更多的创业机会和更广阔的成长沃土，创业精神将个人理想与社会发展相匹配，无疑将会提升个人职业生涯发展的新高度。

（三）创业精神决定个人职业生涯发展的速度

创业精神是一种主动创造精神，个人抱有强烈的成就动机，即使是在平凡的岗位上也能够积极主动、高效优质地做好本职工作。创业精神的表现之一是具有执行力。再好的计划，如果没有付诸行动，也将是一纸空谈。正如周恩来总理说的："坐着谈，何如起来行。"创业精神的表现之二是具有决策力。个人在职业生涯发展的过程中经常会面临各种选择，需要作出正确的决策。结合主客观条件来确定职业发展的方向、目标以及实施方法，都需要决策力。在工作中只有不断锻炼自己的技能，培养求真务实的实干能力，才能稳扎稳打，高速推进个人职业发展。

第二章
创新与创业

21世纪以来，社会变化日新月异，经济与科技飞速发展，我国出现了"大众创业、万众创新"的新浪潮，创新和创业日益得到世界的瞩目，成为推动经济转型和社会发展的重要途径。创业一般有两种方式，从1到 N 和从0到1。从1到 N 的创业方式是指完善已有公司的模式、项目、产品、服务等；从0到1的创业方式是指与现有公司的模式、项目、产品、服务等都不同，意味着与众不同，别出心裁。相比而言，具有创新性质的创业更加艰难，对社会的贡献也更大。

创新这个词好像离我们的生活很遥远，需要很高的智慧与技术，实际上只要我们在生活中有一双发现的眼睛，人人都可以实现创新。每一个企业的成功都源于一系列的创新。古希腊哲学家赫拉克利特有一句名言："世上唯一不变的就是变化本身。"的确，世上的万物都在变化，人的需求在变，各行各业在变，组织的管理模式在变，国家的经济体系也在变。所有的变化意味着原有的观念与模式不断地与现实情况发生冲突。当冲突发生时，固守原有模式自然不是理智的选择，变革才是顺势而为的明智之举，而创新就是基于现有冲突的变革。企业的创新不能只停留在产品创新，以及价格、渠道、推广方式的创新，还应该包括企业的组织结构、股东结构方面的创新。创新应该与时俱进，创新应做到无时不在，无处不在。

只有创新才能创业。创业就是发现消费者的新需求，并满足需求的创新过程，成功创业就是把别人认为的不可能变成可能的创新过程。

第一节　会创新　赢未来——学习创新

创新是民族进步的灵魂，是一个国家兴旺发达的不竭动力，也是中华民族最深沉的民族禀赋。一个民族要想走在时代前列，就离不开创新。创新是人类特有的认知能力和实践能力，是人类主观能动性的高级表现形式。在激烈的国际竞争中，唯创新者进，唯创新者强，唯创新者胜。

一、创新的含义

创新含有更新、创造新的东西、改变之意。随着社会的发展，"创新"一词的含义也在不断扩展。创新主要包括新的发明、新的思想、新的技术、新的方法等一切新事物。在人类社会发展的过程中，如果没有创新，发展就会止步不前。

创新有广义和狭义之分。广义上的创新泛指具有创造性或创造新的东西。《现代汉语词典》中对创新的解释是抛开旧的、创造新的以及具有新意。创新是以解决实践问题为目的的一项活动，创新的本质是突破传统、突破常规。

创新是一个相对概念，其价值与时间、空间有关，创新可以在解决技术问题、经济和社会问题、自然科学难题等广泛范围内发挥作用。成效是评价创新的一把尺子，有成效才能被认为是创新。根据成效，创新可以分成若干等级，有的是划时代的创新，有的是迭代或改良创新。

狭义上的创新。创新理论是美国经济学家熊彼特 1912 年在其代表作《经济发展理论》中首先提出的，他认为创新是建立一种新的生产函数，是一种从来没有过的关于生产要素和生产条件的新组合，包括引进新产品，引进新技术，开辟新市场，控制原材料的新供应来源，实现企业的新组织。由此可见，经济学意义上的创新，其主体是企业家，创新的关键是对生产要素进行重新组合，能否为企业带来超额利润是检验创新成功与否的标准。

经济学家一般认为，创新可通过以下五种途径实现：

（1）开发一种新产品或提高一种产品的质量。开发新产品要求将科学技术引入生产领域，生产出市场需要的产品，这属于原创性创新，在创新过程中要掌握好市场需求和科学技术两条原则。

（2）采取一种新的生产方法。一般中小企业常采用这种方法，目的是提高质量、降低成本，这也需要把科学技术引入生产领域。

（3）开发一个新的市场。开发一个新市场，不仅需要做到眼观六路，耳听八方，还需要敏锐准确地收集、处理市场信息，同时要根据市场形势，在生产链中随时组合产品。

（4）获得一种原料或半成品的新来源。从供应商角度出发，这是一种市场意识。

（5）实行一种新的企业组织形式。创新可以是从无到有，也可以是从有到优。创造不可能凭空而生，新的创造建立在对原有事物转化的基础上。

二、创新的类型

创新是创业的源泉、本质和灵魂。创新能力是进行创业最重要的资本。创新按照创新内容、创新程度和创新中自我知识产权的比重、创新过程、创新方式分类，可有不同的类型。

（一）按创新内容分类

创新涵盖众多领域，按创新的内容可以划分为知识创新、技术创新、工程创新、社会创新。

1. 知识创新

知识创新是指通过科学研究，包括基础研究和应用研究，获得新的基础科学和技术科学知识的过程。知识创新的目的是追求新发现、探索新规律、创立新学说、积累新知识、创造新方法。在这里知识创新的"新"不是要素序列的简单组合和重新排列，而是内容上、方法上、本质上的"新"。知识创新可大可小，揭示一条规律，提出一种学说，阐明一个道理，创造一种解决问题的方法都是创新。

2. 技术创新

技术创新属于经济概念，指企业应用新知识、新技术、新工艺，采用新的生产方式和经营管理模式，来提高产品质量，开发新产品，提供新服务，占据市场份额并实现市场价值。技术创新是企业竞争优势的重要来源，是企业可持续发展的重要保障。

3. 工程创新

工程是直接生产力，工程创新主要指技术要素层次的集成，其主要标志是"集成创新"，包括工程理念创新、工程技术创新、工程设计创新、工程制度创新、工程管理创新等。工程创新是创新活动和建设国家创新系统的主战场。工程创新过程中我们要不断突破壁垒，并及时躲避陷阱。

4. 社会创新

社会创新是为了满足社会需求，积极识别社会需要，研究新的解决方案，评估效益来积极应对城市扩张、交通堵塞、人口老龄化、慢性病等一系列问题。国家、地方政府以及企业进行新的更有效的设计和开发，如工会、保险、新型养老机构等。

（二）按创新程度和创新中自我知识产权的比重分类

按创新程度和创新中自我知识产权的比重，创新可分为自主创新和开放式创新。

1. 自主创新

自主创新是指拥有自主知识产权的核心技术以及在此基础上实现新产品价值的过程，包括原始创新、集成创新和引进技术再创新。新的科学发现以及拥有自主知识产权的技术、产品、品牌等都是自主创新的成果。其中，原始创新是最根本的创新，指前所未有的重大科学发现、技术发明、原理性主导技术等创新成果，是最能体现智慧的创新。集成创新是指通过对各种现有技术的有效集成，形成有市场竞争力的产品或者新兴产业。引进技术再创新是指在引进国内外先进技术的基础上，学习、分析、借鉴，进行再创新，形成具有自主知识产权的新技术。引进技术再创新是提高自主创新能力的重要途径。发展中国家通过向发达国家直接引进先进技术，经过消化吸收实现自主创新，不仅大大缩短了创新时间，而且降低了创新风险。

事实证明，关键核心技术是要不来、买不来、讨不来的，只有把关键核心技术掌握在自己手中，才能从根本上保障国家经济安全。我们要提升自主创新能力，尽快突破关键核心技术，努力实现关键核心技术自主可控，把发展主动权牢牢掌握在自己手中。

2. 开放式创新

2003 年，哈佛大学亨利·切萨布鲁夫教授在《开放式创新：进行技术创新并从中赢利的新规则》一书中首次提出了"开放式创新"的概念。开放式创新的概念是基于资源视角，打开组织的边界，同时将内外部创新资源和商业化资源整合，系统外的科技、知识、经验、人才以更快的速度被导入企业，企业无疑将以更快的速度、更低的成本，获得更多的收益与更强的竞争力。

（三）按创新过程分类

创新是一个循环往复的过程，一般包括三种类型：开拓性创新、模仿性创新和适应性创新。

1. 开拓性创新

开拓性创新要满足社会未被满足的需求，可以是原来没有的产品、生产方法、市场、原材料等。开拓性创新具有独一无二的特点，意味着别出心裁、另辟蹊径，这类创新一旦成功，必然占领 100% 的市场份额，对社会的贡献极大。

2. 模仿性创新

模仿性创新是指，为了在激烈的市场竞争中与开拓性创新分享超额利润，不断研究同一行业优秀公司的最佳实践，通过比较、分析、判断，不断改进企业，创造优秀业绩，形成良性循环的过程。如百度追随谷歌，阿里巴巴当初受到美国电子商务公司的影响，腾讯刚开始是 ICQ 免费版，它们都通过模仿创新形成了自己的优势，并最终成功。

3. 适应性创新

"物竞天择，适者生存"是达尔文进化论的核心思想。适者生存不仅适用于生物系统，在社会和经济领域也同样适用。适应性创新就是组织通过去中心化的管理方式，不断试错，增强对外界环境的感知和探索，及时调整和优化自己的目标、管理、产品或服务，努力去适应不断变化的环境。如 TikTok（抖音短视频国际版）在海外的适应性创新，就最终形成了覆盖全球 150 多个国家，支持超过 75 种语言的巨型流量池，而柯达胶卷、诺基亚手机等不能很快地进行适应性创新，最终走向了衰败。

（四）按创新方式分类

根据创新的方式，创新可分为产品创新、服务创新和工艺创新。

1. 产品创新

需要是发明之母，创造某种新产品，或对某种老产品的部分功能进行创新都属于产品创新。从商业角度来说，产品创新的魅力在于新产品会吸引消费者，激发消费者的购买欲，所以产品创新是实现企业价值的重要载体。

2. 服务创新

服务创新是以一种新的方式提供服务或者创造出一种全新的服务。在日常生活中，它常常被我们忽略。

3. 工艺创新

工艺创新是采用全新的或有重大改进的生产方法、工艺设备或辅助性活动来生产新产品。"新"主要体现在技术新、设备新或流程新上。生产一个新产品除了需要专业知识以外，还需要健全和完善的知识系统，工艺创新对社会的影响比较大。

三、创新的四种视角

企业在寻求创新的过程中，很多时候没有系统的、清晰的方法论，即使进行了大量的市场调研、客户分析，如果依然沿用旧的视角思考问题，也很难有突破性的创新。美国学者斯卡辛斯基、吉布森的《从核心创新》一书在第三章中提出了创新的四个视角，以期让创新者找到突破口，从不同的视角观察世界。这四个视角分别是挑战传统、利用突变、利用能力与战略资产、了解未表达的需求。

（一）挑战传统

创新者想要取得突破，就要敢于质疑那些人们已经深信不疑的信条，不盲从企业领袖。从方法上，可以尝试识别旧的传统，对所谓的"理所应当"提出质疑；从细小处发现不合理之处，尝试"走极端"以及寻求双赢，来发现创新的机会。

（二）利用突变

"突变"是看似不相关的因素，以生活、地域、技术等方式发展聚合，形成的一种巨大的潜在趋势。抓住这种趋势，就是抓住了创新的契机。从方法上，可以尝试寻找竞争者不常涉足的领域，捕捉一些"弱信号"，试想一下，如果这个"弱"变得很"强"会造成什么影响。我们通过深度挖掘趋势的背景，可以较好地预测下一个趋势，掌握事物之间的关联，及时洞察创新机会。

（三）利用能力与战略资产

创新者跳出企业固有的组织框架，将企业内部的资源、能力进行排列、重组、调配，就能够自由灵活地运用资源；同时也可以联结企业与企业之间的资源，甚至更多的企业外部因素，将更多的资源激活，把创新发挥到极致。

（四）了解未表达的需求

创新者要能够发现未知的需求、未解决的问题、市场低迷的原因，并从中发现重大创新机遇。这里有两种方法：一是直接观察，用同理心的方法，站在用户的角度深刻体察用户的需求，感受用户的焦虑、困扰，并去现场亲自体验；二是定位用户体验，不从同行业中对标，而是找到更多不同行业的对象，去寻找真正让人愉悦的体验，并试图捕捉所观察到的每个细节。

四、创新实践的步骤

创新实践可以分为 5 个步骤：搜集信息，了解用户想法；挖掘用户需求，重新定义问题；打破思维局限，提出解决方案；积极行动，将想法落地；测试与反馈，迭代完善。

（一）搜集信息，了解用户想法

创新不是凭空的灵光一闪，更不能一蹴而就。人们常常苦恼该如何创新，其实从"发现问题"开始是一个简单好用的方式。发现问题是一种从外界众多的现象和信息源中搜索有价值的信息的能力。在日常的生产、生活中，人们总会遇到大大小小的不满或抱怨，不管是他人的还是自己的，例如，学生对学校食堂、游客对景点、乘客对出租车等产生的不满，要留意这些"不满或抱怨"。这些"不满或抱怨"是一种未被满足的用户需求，我们可以通过访谈、观察、亲身体验等方式去了解用户的真实想法，将"不满或抱怨"转化为创新的机会。

（二）挖掘用户需求，重新定义问题

要想真正了解人的需求并不是一件容易的事情，我们通常能看到的只是表面的需求，而表面以下的绝大部分可能才是被隐藏起来的真实需求。例如，人们抱怨写字楼里的电梯太慢，表面的需求是人们需要一部更快的电梯，但如果经过进一步的用户访谈和观察会发现，可能人们的真实需求是觉得等电梯的时间很无聊，不想浪费时间。如果将问题从如何提供一部更快的电梯重新定义为如何改善人们等电梯过程中的用户体验，那么得到的解决方案将完全不同。因此，通过挖掘用户需求来重新定义要解决的问题，是创新过程中非常关键的一步。只有准确定义问题，找到正确的前进方向，才能顺利完成创新和对用户的价值贡献。

（三）打破思维局限，提出解决方案

发现问题对应着解决问题。通过重新定义问题，创新者获得了"为谁解决什么样的问题"的方向和目标，接下来就需要开始思考"该怎么做"，即解决方案的创新构思。想要获得一个具有洞见性的创新性解决方案，需要打破已有的思维局限，运用想象力激发大脑的创造性思维。在这个过程中，创新者可以运用思维的六顶帽子、头脑风暴、思维导图等工具进行思维的发散和综合。同时，创新者应该保持开放接纳的心态，鼓励天马行空的想法，在大量的创意想法中，必然能产生有质量的创新性解决方案。

（四）积极行动，将想法落地

创新不仅意味着有好想法，还意味着要迅速把想法付诸行动。制作创新原型可以帮助创新者更好地获得用户反馈。原型是将概念和想象转化为现实的一座重要桥梁，它用视觉化的方式有效地呈现创新的思想，是介于创意与现实之间的一个过程。通过制作原型，将抽象概念变成实体演示，有助于将创新的想法和点子落地实现。在这里，设计和制作一个新产品或服务原型的目的不是做出功能完备的系统，而是看一看呈现在用户面前的产品的样子，并为用户测试做准备。有时候恰恰因为用户没有"理解"它们，从而导致创新的想法失败，但这并不代表产品存在缺陷。用户很难单单从文字描述里完整、准确地想象和理解新的产品、服务或功能，只有亲眼看到、亲手使用、亲自体验过，才能最真切、最直观地理解产品。

（五）测试与反馈，迭代完善

创新的想法不能仅仅停留在原型阶段，创新者最终的目标是将创新的产品或服务投入直接的市场，并实现广泛应用和商业化。在将创新原型变成真正可以使用的产品或服务之前，还需要经过测试环节来进行用户检验。测试最开始可以在创新团队内部进行，然后再邀请相应的用户来亲自体验这些产品或服务，帮助创新团队从用户的角度了解这些新产品或新服务，创新团队还要根据用户的反馈及时修正，不断迭代。即使新产品或新服务已开始投入市场使用，也要随时观察、收集用户反馈，随时进行迭代。因此，创新不是一次性的工作，它是时时刻刻都在发生和进行着的，创新永无止境。

五、创新应具备的环境和条件

随着世界经济一体化的发展，国际竞争日趋加剧，加强自主创新迫在眉睫。我国实行创新驱动发展战略，旨在进一步提升经济发展的质量和水平，以期在日益严峻的竞争中赢得主动、赢得优势。创新可以直接转化为生产力，创新需具备如下的环境和条件。

（一）自由和规则

创新意味着打破常规、破旧立新，求新求变是创新的关键词。创新呼唤自由的经济环境，创新无论从研发到应用、从推广到产业化都需要大量资源投入。目前我国政府正在大力推行简政放权，提高资源的配置率，给予创新企业更多的资源使用权。创新企业作为市场主体，依靠市场可以获取更多的资源投入，伴随着行政管制少了、审批程序少了，创新有了更多发展的空间和土壤，真正实现了创新自由。市场经济有内在的运行规律，创新同样需要坚持和遵循市场规则，如果没有规则，仿冒盗版、恶性竞争就会比比皆是，会严重损害创新，使创新难以形成良性循环。可见，创新既需要自由又需要规则。

（二）竞争和合作

创新伴随着竞争，创新要遵守不进则退、优胜劣汰的竞争法则。只有经历激烈的竞争和市场选择，才能发现最符合实际、最佳的创新项目。市场是检验创新成果的试金石。追求利润是创新的最大动力，只有在激烈的市场竞争中占领一席之地，最大限度满足消费者需求，创新才能获取最大利润。创新并不排斥合作，创新依然需要合作，合作是创新成功的必要条件。创新过程中的产学研、供应链、金融支持、风险分担，还有技术平台以及组织协同攻关，都离不开方方面面的通力合作。可见，创新需要竞争，更离不开合作。

（三）基层与顶层

恩格斯说："社会一旦有技术上的需要，则这种需要就会比十所大学更能把科学推向前进。"创新的目的在于满足消费者需要，基层实践是创新的源头活水。众所周知，创新充满不确定性，在开始创新之前，要不断询问自己几个问题，如何寻找与识别创业机会，哪个创业机会能够转化为企业，如何通过创新获得最大利润。只有我们付诸行动才能在基层实践中找到答案。另一方面，当今时代，构建创新体系具有极大的复杂性和系统性，需要凝聚全社会的智慧和力量综合协调和指导。创新需要在顶层构建支持体系，在基层放手鼓励探索和实践。

虽然创新无处不在，但创新也需要一定的基本条件，才能在探索的道路上走得更顺畅。正是因为创新，人们才告别靠两腿走路的历史，使用马车、自行车、汽车、火车、飞机等代步；使用电脑取代传统的手写来办公；使用电子邮件、微信、QQ 取代传统的信件进行信息传递。我们现在身处互联网时代，技术更新、知识创造无不是以创新为起点。反之，如果在创业中缺少了创新，那么这将给企业带来没顶之灾。众所周知，诺基亚公司曾连续十多年手机市场占有率第一，在当时是当之无愧的手机领域的霸主，所生产的手机质量好、口碑佳。然而，自从 2008 年以后，随着安卓系统、iOS 系统相继崛起，消费者也大多转向智能手机，一个曾经傲视手机行业的巨头，没有在手机系统领域创新，其多年积累的技术、质量、品牌等优势不再，结果令人唏嘘不已。

第二节　创新思维知多少——知晓创新思维

恩格斯说过，思维是地球上最美丽的花朵。思维是我们通常说的"思考""想""动脑筋"，是大脑对客观事物的认识过程。人类有思维才能不断地认识世界，改造世界，让我们的世界越来越美丽。人脑不是一个需要被填满的容器，而是一支需要被点燃的火把。创新思维是一切创新的前提，对于创业者而言，拥有创新思维是进行创新活动的核心。创业者只有拥有了创新的思维方法才能更好地指导创新行动和实践。

一、思维

（一）思维概述与分类

1. 思维概述

思维是在表象、概念的基础上进行推理、判断、分析、综合等理性认识的过程，是大脑对客观事物间接、概括的反映。一般来说，思维指思考、想、动脑筋等，思维的基本构成是表象、概念和语言。人们对客观事物的认识一般分为感性认识和理性认识两个阶段。

2. 思维的分类

思维的划分标准不同，思维的分类也不同。

根据思维所要解决问题的内容，思维可以分为动作思维、形象思维、抽象思维。动作思维又称为直观动作思维，一般是人类或个体发展的早期所具有的一种思维形式，动作思维的任务与当前直接感知到的对象相联系，不是依据表象与概念，而是依据当前的感知与实际操作来解决问题。形象思维亦称直感思维，是借助具体形象运用想象来展开的思维过程；抽象思维又称逻辑思维，是运用概念、判断、推理等来反映现实的思维过程，抽象性、逻辑性是其根本特征。

根据思维活动的方向和思维成果的特点，思维可分为求异思维和求同思维。求异思维又称发散思维，是从问题的要求出发，沿着不同的方向去探求多种答案的思维形式。求异思维摆脱了习惯性思维的束缚，不墨守成规，不拘泥于传统的做法，具有较强的创造性。求同思维又称聚敛思维，与发散思维是相对的，是从已知的种种信息中产生一个结论，从现成的众多材料中寻找一个答案，是鉴别、选择、加工的思维形式。

（二）思维定式及其类型

1. 思维定式

不同的思维会引起不同的行为，在日常生活中，每个人都认为自己的观念是正确的。思维定式又称习惯性思维，是按照积累的思维活动的经验教训和已有的思维规律，在反复使用中所形成的比较稳定的、定型化的思维路线、方式、程序、模式等。在环境不变的情况下，思维定式能使人们根据已掌握的方法，快速解决问题。当情境发生变化时，思维定式则会妨碍我们使用新的方法处理问题，这体现出的是思维的惯性或思维的惰性。

众所周知，思维定式具有两面性，既具有积极性又具有消极性。思维定式的积极性体现在，思维定式是一种按照常规处理问题的思维方式，它可以省去很多摸索的步骤，缩短思考时间，提高工作效率，在日常生活中可以帮助我们解决90%以上的问题。思维定式除了拥有积极性的一面，还拥有消极性的一面。思维定式容易让我们养成思维的惰性，遇到问题"以不变应万变"，常是呆板、机械地去解决问题，不利于我们产生新思想、新观念、新决策，同样不利于问题的解决。

2. 思维定式的类型

（1）习惯思维定式

习惯思维定式是指人们不自觉地用某种习惯了的思维方式去思考已经发生了变化的事物。

（2）权威思维定式

权威是对权利的一种自愿的服从和支持。权威在现代社会中广泛使用，它代表着地位、信誉、威望、权力等。权威思维表现在很多方面，如领导权威、媒介权威、书本权威等，在日常生活中人们有时存在盲目崇拜、夸大权威的思维习惯，视权威为评判事物的唯一标准。权威思维会扼杀我们的创造力，我们一方面不要盲目迷信权威，要有存疑精神，另一方面要通过学习，不断提升自己的知识和认知水平，增强对权威的甄别能力。

（3）从众思维定式

从众思维是指人们不假思索地盲从众人的认知与行为，是顺从多数人的意志而没有自己的主见的一种心理过程。如过马路时，看到红灯应该停下来，但是却不由自主地跟着人群继续往前走。

（4）自我中心思维定式

自我中心思维定式是指人们经常自觉或者不自觉地按照自己的利益、观念、立场思考问题。

由此可见，在我们创新的过程中，思维定式起着一定的副作用，使我们习惯于从固定的角度观察事物，并以固定的方式接受事物。因此，如何突破思维定式成了创新思维必须解决的问题。发散思维、逆向思维、横向思维、多视角思维等就是行之有效的方法。除此之外，强烈的好奇心和探索精神，大胆的想象等，都有助于我们摆脱思维定式的束缚，更好地建立创新思维。

二、创新思维

创新思维是一种具有开创意义的思维活动，是产生前所未有的思维新结果、达到新的认知水平的思维，它不仅是创新实践的前提，也是发挥创造力的前提。

（一）创新思维的内涵和要素

1. 创新思维的定义

创新思维也称创造性思维，是综合运用多种思维方式，如直觉、灵感、类比、想象、联想、形象思维、逻辑思维和模糊思维于其中的一种思维活动。它是人类思维的高级过程，本质在于将创新意识的感性愿望提升到理性探索上，实现创新活动由感性认识到理性思考的飞跃。创新思维相对于常规思维而言，是一种高度灵活、新颖独特的思维方式，创新思维一般不受常规思维约束，往往表现为发明新技术、形成新观念、提出新方案和决策、创建新理论，寻求对问题全新的、独特的解答或获得方法的思维过程，这种思维常常能够突破常规的界限，以超常规甚至反常规的方法、视角去思考问题，提出与众不同的解决方案，形成新颖的、独到的思维成果。

2. 创新思维的要素

在创新创业活动中，如何才能创造真正的创新价值和商业价值，将创新从概念变成现实，造福社会大众？这需要平衡三个要素，即以人为本、技术可行性、商业可行性。

一个好的创新设计一定是符合人性需求的，是"以人为本"的。从人的需求出发，解决人的问题，服务于人的需求，并被人们接受和广泛使用，这样的创新才是有生命力的、可持续的创新。

与此同时，要考虑技术要素，即技术可行性。通过技术可行性分析，将设计者的想法或概念落到可执行的技术层面，并进行充分分析，充分考虑现阶段科学技术发展的情况、生产制造的能力、团队开发的水平。很多时候，新技术的落地，总能带来很多不可思议的奇迹。例如，当移动互联网技术成为可能的时候，共享单车、直播带货等的创意就得以迅速实现。

除了技术要素，还应当考虑商业要素，也就是商业可行性。创新设计不但要技术可行，还要与商业相结合，要从商业价值的角度去分析和思考新产品或新创意是否可行。如果商业价值或者商业模式不成熟，不能被市场所接受或由于成本太高而无法持续，那么就需要重新思考。拥有好的商业模式，可以让创新的产品更好地服务大众。

（二）创新思维的特征

1. 创新思维要有新颖性

创新思维要求在创业过程中追求新颖、与众不同，突破创造者原有的思维框架，突破已有的思维定式，旧的思维不是创新，没有变化、没有差异也不是创新思维。创新思维是一种求异性思维，即从别人习以为常的地方看出问题。思维要有新意、创意，要有新思路、新点子、新方案，让人有耳目一新的感觉，能够激起创造欲望，产生创造力，形成创新成果。思维的目标、思维的方法、思维的过程也应该是新颖与独特的。没有"与众不同"，就谈不上创新思维。

2. 创新思维要有敏感性

敏感性是创新思维的重要特征。敏感性是指敏锐地认识客观世界的性质，敏锐地感知客观世界变化的特性，敏锐地抓住社会需求，关注事物的不同与特殊性，捕捉住有价值、新颖的信息。人们通过各种器官直接感知客观世界，但要理性地认识客观世界就需要敏感的思维。

3. 创新思维要有灵活性

创新思维不能呆板、僵化、不知变通，现实中无现成的思维方法可循。人可以海阔天空地发挥想象力，但要培养主动学习、独立思考的意识和灵活变通的能力，要抱着"穷则变，变则通""举一反三""触类旁通"的态度，凡事究根探底，探究事物的本质。如果因循守旧就不具备灵活性与变通能力，很难产生创新思维。创新思维的目标指向一定为新事物，思维的方式一定与常规有所不同，如果不积极主动，墨守成规，人云亦云，思想僵化，就谈不上创新思维，更谈不上创新行动。刻舟求剑、守株待兔等，就是墨守成规、思想僵化、不懂得改变的反面案例。

4. 创新思维具有综合性

创新思维是综合性思维活动，在创新思维中，有许多因素参与其中，包括知识信息因素、智力因素、个人因素、实际能力因素等。因此，创新思维要求把事物的各个部分、侧面等综合为一个整体来认识，高度综合是现代科学技术发展的重要趋势。

5. 创新思维需要前瞻性

创新思维最基本的需求是具有前瞻性。"凡事预则立，不预则废"，创新思维需要展望事物发展的未来，必须具有前瞻性。前瞻性是指对新事物可能的发展趋势进行思考，从而调整心态，寻求突破。

在"互联网+"时代，新思维新事物不断涌现，创新思维在日常工作、学习和生活中是不可或缺的思维方式，青年大学生创新思维的培养对于创业的成败至关重要。创新思维如此重要，如何产生创新思维？知识和态度是创新思维的基础。提出一个问题往往比解决一个问题更重要，解决一个问题有时候仅涉及一个学科的某一问题，而提出问题则需要我们洞察和了解社会需求，需要更全面的能力。

（三）创新思维的基本技能

同理心、洞察力、突破常规、敢于试错是创新思维的 4 个基本技能。

1. 同理心

同理心是指可以站在对方的角度思考问题，感同身受。好的创业者往往都是同理心很强的人。以同理心与人沟通，可以让人感到被接纳，更愿意表达真实的感受。用不同的心态对待用户，就会有完全不同的效果，换个心态和方式思考问题，能够更深刻地理解用户的真实需求和痛点。

2. 洞察力

洞察力是一种透过现象看本质的能力。相较于同理心而言，在对用户同理的基础上进行洞察，更能找到其真实的需求。洞察力需要以同理心进行敏锐的观察，摒弃显而易见的预设，由此可捕捉到人们的真实需求，并做出准确的判断。从创新设计的能力来看，要获得更深刻的洞察力，可以通过对信息的搜集、整理、分析、提炼和总结来实现，并最终发现创新的契机。

3. 突破常规

常规思维是大部分人都会有的想法。在人类社会的发展过程中，知识和经验的积累发挥着重要的作用，对这些知识和经验的学习与传承往往使人们在思考时趋于同质化。突破常规思考，进行与众不同的思考，是将不可能变为可能的第一步，也是发现创新的机会点。要想突破常规，就要养成积极动脑、不断发现新问题的习惯。

4. 敢于试错

敢于试错和突破常规相辅相成，正因为有敢于试错的勇气，人们才可能去突破常规，而正因为突破常规不一定都能获得正确的方向和满意的结果，才需要人们有敢于试错的精神，并留有包容的空间。

创新是探索前人未有的尝试。成功的道路不是笔直的，只有在试错中不断扩大成长的空间，获得前进的加速度，才能真正助力企业的成长，所以敢于试错是企业成长的必由之路。

（四）创新思维的基本形式

创新思维研究的重点内容是创新思维的基本形式，尽管从不同层次、不同角度人们有不同看法，但是多数学者认为类比、直觉与灵感等是创新思维的基本形式。

1. 类比

类比是对于两类不同的事物，在比较的基础上，抓住他们之间的相似之处，并以此为依据，将关于一类事物的知识，迁移、推广到另一类事物上去的思维活动。理解类比的本质，就要知道类比的对象是两个不同的事物，同类事物之间，通过演绎与归纳就能解决，而类比是对两类事物进行比较，两类事物之间的相似性是类比能够进行的过渡环节或逻辑中介，相似性是类比进行的客观依据。类比呈现出以下特点。

一是跨度大、联系广。类比的联系十分广泛，理论上宇宙间的任意两个事物在某一层次上都可以类比。宇宙万物是统一的、相互联系的、相互制约的，因此，类比从已知到未知的跨度是最大的。法国的马莱运用直接类比法，利用视觉暂留现象，发明了第一架电影摄影机，后来美国的爱迪生参与其中并取得早期活动电影观赏机的美国专利权，之后又经过法国卢米埃兄弟的努力，电影从此正式诞生。

二是创新性与探索性最强。类比要解决的问题，难度最大，没有现成的方法可供使用，只能靠从其他类别事物中寻找相似性来进行探索、创新和尝试。"曹冲称象"就是运用了类比的方法，将不同的两个事物"大象"与"石头"进行了类比，创新性地实现了"称象"这一目标。

三是灵活性高、可靠性低。类比推断的依据，是不同事物之间的相似性，这种相似性是很不确定的，因此类比的结论要比归纳更不可靠，灵活性大得多，也更难把握。类比在创造性思维中的作用不容小觑，虽然类比在科学规律的发现、科学理论的建立上具有重要作用，但是类比也有很大的局限性，它的结论可靠性低，容易出错。

2. 直觉

创新思维的关键环节是直觉，直觉迸发出来的思想火花容易产生新观念。创造性思维的创新性、开拓性、突破性主要就是通过直觉与灵感产生的。直觉是对一些新出现的现象或者事物，没有经过严密的逻辑推理，直接地认识到内在本质或规律的思维活动，是一种认识的突变、飞跃和升华，对我们认识世界、改造世界具有重大意义。

直觉呈现出直接性、快速性、或然性特征。直接性是指它是由现象直接到达本质或规律，未经过严密的逻辑推理。而快速性是指它所经历的时间很短，甚至有些直觉是在瞬间完成的。或然性是指它的结论不可靠，既不一定真，也不一定假，这是由它的未经过严密的逻辑推理决定的。

直觉是一种在各个领域都广泛存在的思维形态，直觉尤其在艺术创作、科学发现、技术发明中占有非常重要的地位。直觉是上天对创业者的恩赐，一个对特定情况或熟悉的事件有经验的管理者，当遇到某种类型的问题或情况时，通常会迅速做出决策，可能看上去他所获得的信息有限，甚至没有经过思考。其实不然，他是在运用直觉进行判断，而直觉是一瞬间综合了所有的信息以及自己的经验来做出的判断，也是一种思考的结果。这种思考虽然只是一瞬间，但要尊重自己的直觉，要敢于相信自己的直觉。美籍华裔物理学家丁肇中因发现"J"粒子获得了诺贝尔物理学奖。在谈到"J"粒子时他说，他当时的直觉是可能存在许多有光的而又比较重的粒子，正是在这种直觉的驱使下丁肇中决定研究重光子，并因此获得成功。

但是直觉也存在很多不足和缺陷。直觉没有依据的理论，部分的直觉仅仅是普通的常识，直觉的猜测性导致其猜测的比例越大，其可靠性就越低。

3. 灵感

爱迪生有句名言，"天才＝1%的灵感＋99%的汗水，那1%的灵感极其重要"，可见灵感对于创新来说十分重要。我们经常听说灵感，其实灵感是一种极为复杂的精神现象，至今仍然是科学、艺术领域中最难解的谜。灵感是人的大脑对客观事物内在本质、规律的认识，是反映过程中的突然飞跃和质变，是抽象思维、形象思维等多种思维和兴趣、情绪、情感、意志等心理因素的综合，是显意识与潜意识的综合，是信息加工过程中的突变。法国化学家别涅迪克是汽车安全玻璃的发明者，当他看到汽车玻璃碎片扎进乘客脑袋的新闻报道时，这位化学家突然想起4年前做实验掉在地上的玻璃烧杯，它只裂不破，于是他找出那只曾放过硝酸纤维素溶液的烧杯进行研究，发现一层坚韧透明的薄膜牢牢地黏在烧杯上，据此他进行深入研究，发明了汽车安全玻璃。

既然灵感在创新思维中扮演着很重要的作用，那么在日常生活中如何诱发灵感的产生呢？大脑中储存相当丰富的与研究对象紧密相关的理论知识、经验与技术是诱发灵感的首要条件，但是又不能执迷或局限于已有的理论、经验、技术。敢于怀疑、敢于突破、敢于创新，同时具备类比与迁移、联想和想象能力是灵感得以发生的重要因素，所以要勤于动脑、学会思考、敢于提问、善于发问，做一个有想法的人。

第三节　厘清关系——细说创新与创业

创业离不开创新，创业的核心在于创新，创业者只有通过创新不断满足消费者的需求，才能使创业得到长远发展；创新也离不开创业，创新的观点、思维、成果只有落实到创业实践中，产生经济价值，创新活动才能得到升华。因此，创新与创业既相互区别，又相互联系。

一、创新与创业的内在关联

（一）创新是创业的必要条件

创新与创业二者密不可分。创业者无论是创建新企业，还是开发新产品，或者是实施新战略、开辟新市场，或者是引进新的技术，配置新的资源，都是不同程度的创新活动。创新是创业的灵魂，创业又推动着创新，创新是发明或改进，创业是行动。在创业过程中要不断创新，并不是所有的创新都能发展为创业，只有能够带来经济利益的创新才是创业。

（二）创业是创新的价值体现

创新的市场价值由创业来实现。创新的前提是创意，创新的延伸是创业和市场。《第五代创新》一书中提到，由于当前世界经济的转型，创新的模式也发生了巨大的变化，仅按"基础—技术—应用技术—推广"的"研发链"进行创新，已经远远不够，要继续向下游延伸，形成"产业链"，将创新成果变成产品；而在此之后，还有很重要的一条"市场链"，将产品推向市场，形成价值。这三根完整的链条共同构成了"创新创业链"，每根链条的每一个环节都有创新的不同内容与需求。

创新的最终价值，是将理论知识和技术等转化为生产力，而创业则是实现这种转化的条件和基础。创业者的创新成果，通过市场链进入市场，从而实现商品化和产业化，并最终得以转化成价值和社会财富，造福国民、社会和国家。因此，市场是决定创新成败的试金石，彼得·德鲁克认为，对一项创新的考验并不在于它的新奇性或者是科学内涵等，而在于推向市场后它被顾客接受的程度，也就是说它是否能创造出新的价值。

（三）创业推动并深化创新

创业的出现可以推动和促进新产品、新服务的出现，创业在理论上分析市场变化和需求的同时，也能达到刺激市场产生新需求的效果。创业还能进一步地深化创新，将创新成果产业化和商业化，实现其真正的价值。创业在促进企业、国家的创新能力的同时，也推动了社会经济的发展。

二、创新与创业的差异

创新和创业密不可分，但创新和创业也是有差异的。如同发明者和企业家不是同一个概念一样，一个优秀的发明者未必是一个企业家，发明成功并不意味着创业成功，创业者也不一定是一个发明者，但是创业者必须具备发现潜在商业机会、敢于冒险、勇于创新的特质。创业者能够将发明者的创新成果实现商业化和产业化，实现其潜在的市场价值。

（一）关注的焦点不同

创业不一定需要创业者创造以前从来没有过的东西，或者去做从来都没有做过的事情，现实生活中的很多创业活动，主要是在前人的基础上模仿和学习，自身可能没有什么创新，但这也是在创业。那么相对于创新，创业更加关注的是恰当的机会和充裕的市场，创新则是以思维模式提出有别于常规或者常人思路的见解为导向，利用现有的知识改进或者创造新的事物、方法、元素、路径、环境等。所以，创新关注的是出新和改变。

（二）实现的手段不同

创业注重的是"业"，往往通过创建新的企业、新的组织，而且必然要通过市场来实现财富的增值，而创新注重的是"新"，往往通过新的发现、新的发明来开辟新的局面，开创新的事业。我国的科研工作者在创新的过程中，往往比较重视研发，一定程度上忽视科研成果的市场转化。创新如果忽视了市场，就可能不会涉及创业，而只停留在科研成果的创新上面。

（三）涵盖的范围不同

创业属于经济学范畴，它是指创业者对自己拥有的资源，或者是通过努力获得的资源进行优化整合，从而创造出更大价值的过程。创业是创业者识别商机并付诸行动，将有价值的想法变为现实，最后获得利益和实现价值的活动。创新则是拓宽已有的领域，或者是开辟新的领域，走前人未曾走过的路，表现的形式可以是新生事物、方法、元素、路径、环境等，创新不需要以创办企业为依托。作为当代的大学生创业者，我们应该明白创新对于创业的重要性，"得创新者得天下"，没有创新，我们大学生创业者很难在激烈的创业竞争中脱颖而出。

创新是社会进步的灵魂，创业是推动经济社会发展、改善民生的重要途径。从创新到创业是一种职业选择。我们现在拥有最好的创业时代，创新创业氛围浓厚，国家政策利好，个人可以在创新创业的舞台上尽情展示自己，并通过创新创业实现自身价值。新时代青年应继续弘扬创新精神，不断运用创新思维应对新挑战、满足新期待、开拓新局面。

第三章
创新创业能力培养

第一节　知创新　解创业——创新创业能力概述

　　创新创业教育不仅是我国高等教育改革发展的重要突破口，也是我国高等教育实现内涵式发展的重要节点。2015 年 6 月，国务院印发了《关于大力推进大众创业万众创新若干政策措施的意见》，该文件中强调了创新和创业的重要性，指出大众创业和万众创新是发展的动力之源，也是富民之道、公平之计、强国之策。当代大学生作为创新创业的生力军，受到社会各个层面的关注。创新创业能力逐渐成为当代大学生的必修之课、成事之基。因此，学校要加大力度去培养与提升大学生的创新创业能力、增强创新思维的动力，并指引他们走上自主创业和科技创业之路，而这也正是当今高等教育发展背景下的必然选择。

一、创新创业能力的内涵

　　能力，指的是人们顺利完成某一任务或某一活动所应具备的主观条件，它能够体现出一个人做事的本领。能力越强，代

表一个人完成任务或活动的效率越高。能力可以划分为一般能力和特殊能力。一般能力是在完成很多活动中展现出来的能力，它适用的范围较大，如反应能力、理解能力、认知能力等；特殊能力是在完成某种专业活动中展现出来的能力，它适用的范围较小，如空间想象能力、音乐绘画能力、形象思维能力等。能力还可以划分为基本能力和综合能力。基本能力是指通过大脑某一种功能完成的活动中展现出来的能力，如感知能力、语言表达能力、身体运动能力等；综合能力是由许多基本能力分工合作完成的活动中展现出来的能力，如问题解决能力、协调分析能力、创新能力等。

创新和创业相互促进和相互制约，是一个有机统一的整体。"创新创业"在形式上表现为在"创新"后加上"创业"二字，实质是内在规定了创新的应用属性，是指向创业的创新，创业促进了创新成果的市场化；在"创业"前加上"创新"二字，实质是全面统领了创业的方向，是以创新为基础的创业，提高了创业的层次和水平。如果"创新创业"作为一个概念，在外延上析取创新和创业，那么内涵就可理解为"基于创新的创业"；反之，如果在外延上合取创新和创业的外延，则内涵就小得多，其外延就非常大，那么创新创业能力就可认为是创新能力与创业能力相统一的概念。

二、创新创业能力培养的重要意义

大学生固然对创新创业抱有热情，但不是所有人都可以很好地进行创新创业活动。无论是个人还是组织，从事创新创业活动都需要具备创新创业能力，有了这些特定的能力，创新创业才会有基石，创新创业活动才能够开展得更好，因此重视创新创业能力培养意义非凡。

（一）创新创业能力的培养对提升国家综合实力具有重要作用

创新是社会向前发展的动力，是国家发展战略的核心。在知识经济蓬勃发展、科技创新引领发展的时代背景下，创新已经成为这个时代的基本特征，也是社会对人才的基本要求。要想在国际上达到先进水平，屹立在世界民族之林，就必须摒弃故步自封、盲目自大的狭隘心理，以开放的心态培育具有创新创业能力的人才，并借此来提升整个国家的综合实力。

正是基于这一原因，我国政府明确提出要将我国建设成为创新型国家。

这是关系到中国未来经济和社会长远发展的重大战略任务，是在当今世界和平、发展成为两大主题的背景下，国家要实现发展、社会要实现进步、经济要实现繁荣、生活要实现富足而作出的正确决策。目前，我国虽然成为了经济大国，但尚未成为经济强国，最根本的原因就在于创新能力欠缺。劳动者的素质参差不齐和创新能力不足，已经成为影响和制约我国综合实力提升的重要因素。走有中国特色的创新之路，增强创新能力，是我国实现经济持续稳健发展的有力保障，是我国提升综合实力和抵御风险能力的重要支撑，是我国经济结构战略性优化、经济发展方式转型的重要力量，是推动我国经济社会转入科学发展轨道的正确选择。可见，培养创新创业能力对于提升国家综合实力意义重大。

（二）创新创业能力的培养对弘扬民族精神具有重要作用

民族精神是把一个民族紧密联系起来的精神纽带，是一个民族赖以生存、共同生活、共同发展的精神支柱，还是维系、协调、指导、推动民族生存和发展的精粹思想。它集中体现了一个民族的自尊心和自信心，体现了一个民族的生命力、创造力和凝聚力。它能够强化个体对国家的认同感和归属感，是国家宝贵的精神财富和精神支柱，是国家文化最本质、最深刻的体现，它不断地被凝聚，又不断地被更新，其整合过程就是一种创新。

创新创业能力的产生，需要的是勇气、胆识、头脑、行动等一系列品质相互配合，其内涵可表现为艰苦奋斗、勤于实践、拼搏进取、诚实守信等，这与我国勤劳勇敢、奋发向上、积极进取的民族精神和时代精神相符合。可见，培养创新创业能力可以发挥弘扬和发展我国民族精神的作用，是我国弘扬和发展开拓创新的民族精神的内在要求。

（三）创新创业能力的培养对个体获得幸福感具有重要作用

幸福感是一种在生活方面得以满足的精神状态，是个体在进行物质生产活动和精神生产活动的实践中，由于感受到其追求的目标已经实现，从而认为生活充满着愉悦，希望能够将这种愉悦延续下去的愿望。创新是生活的必修课，也是获得幸福感的源泉，从创新中获得的幸福是个体需求层次不断提高的需求。从这个角度讲，创新创业能力的培养无疑对获得幸福感具有很大的影响。

（四）创新创业能力的培养对发掘新型人才具有重要作用

当今，科技和经济领衔的全球化浪潮来袭，这不仅要求创新人才具备批判精神以及变革现实的创新能力，还要求新型人才具备与时俱进的意识，更要求新型人才全面提高自身综合能力以及全面发展自身个性。这决定了未来人才不仅要更好地汲取知识，还要努力钻研新知识；不能简单地成为知识的接收容器，而必须具有强烈的创新意识。这种富于独创精神和开拓精神的新型人才，将成为我国经济和社会发展的不竭动力，是建设创新型国家的关键所在。创新创业能力涉及意志、理想、信念等方面，这需要新型人才具备创新创业的观念，具备洞察和捕捉机遇的灵敏度，具备乐于探索、持之以恒地把新理念落到实处的品质，具备适应环境改变自己的调整能力。这决定了创新创业能力是新型人才的必备能力之一，值得大力培养。

（五）创新创业能力的培养对缓解大学生就业问题具有重要作用

当前，我国大学生面临着严峻的就业形势和就业压力，现有的就业岗位数量不足，不能全部满足每位大学生人尽其才、实现自我价值的需要，因此，大学生更应该抓住这难得的机遇，充分发挥自身的聪明才干，另觅实现就业的途径，化被动为主动。大学生群体具有较高的素质和优良的学识，受到各种外界因素的影响较小，有着对传统观念和行业挑战的信心，有着成为主动就业者的优势所在。因此，加大力度去开发大学生的创新创业潜力，并不断增强他们的创新创业能力，使他们从被动求职者的身份转换为主动进行创新创业活动的就业者，不仅是切实可行的，而且是必需的。这是增强就业拉动能力、减轻大学生就业压力、扩宽大学生就业范围的重要方式，同时也是促进经济增长、以经济增长反过来促进就业、推动社会经济快速发展的重要支撑。因此，必须高度重视大学生创新创业能力的培养和提升。

第二节　挖掘潜力　拓宽视野——开拓创新能力

创新能力的重要性已经获得社会的普遍认同，是否具备创新能力，也是评价当代大学生素质的关键因素。

一、创新能力的构成

创新能力是主体充分发挥主观能动性，从事创新活动的能力，是运用一切已获取且有价值的信息，包括积累的知识和经验等，生产某种独到、新颖、体现社会或个人价值的产品或服务的能力。创新能力作为一个系统、综合的概念，是各种基本能力的综合，这种组合方式随不同领域的创新活动而不同，它通常包括以下几种基本能力：发现问题的能力、流畅的思维能力、变通的能力、独立创新（后文简称独创）的能力、制订方案的能力和评价的能力等。

（一）发现问题的能力

发现问题的能力，是发掘创新能力的前提，是一种发现那些让人难以觉察的、隐藏在惯例现象背后的问题的能力。挂灯的摆动对平常人来说是一件习以为常、见怪不怪的现象，而它却吸引了当时正在学医的伽利略的注意。他发现挂灯的摆动在逐渐平息的过程中，每次摆动所用的时间并不改变。这一现象引起了伽利略的思考，回家后他继续研究，发现并提出了单摆的等时性定律。

再如牛顿发现万有引力。经常有人坐在苹果树下，目睹苹果从树上脱落，但却没有人像牛顿那样，注意到这种现象并提出问题：为什么苹果从树上向下落，而不是向上飞？正是牛顿对这一问题的发现、思考，并根据现象探索其背后的运动规律，最后才发现了万有引力。

发现问题能力的重要前提是拥有好奇心和质疑精神。好奇心引起人们对外部世界的现象的关注，培养人们对外部世界所发生的一切事情的敏感度，培养人们发现问题并追根溯源的思考习惯。怀疑就是对权威以及既有的学说和传统的观念等保持质疑、批判的态度，而不是简单地接受与追捧。

发现问题在创新活动中通常是由认知风格和工作风格来体现的。认知风格是指个人所具有的打破原本的心理定式和解决复杂问题过程中表现出来的气度、行为模式和心理特点。工作风格是指能长时间聚焦问题的工作态度和工作能力。在组织工作中，能及时发现问题的人往往也具有让人信服的认知风格和工作风格。

（二）流畅的思维能力

流畅的思维能力是指就某一问题能敏捷地产生多种不同的反应，给出多种解决办法和方案的能力。例如提到绳子的用法，可以想到捆绑东西、游戏、画直线、晾衣服等用途。思维流畅的人经常被用"文思敏捷""出口成章""达地知根"等词语来形容。思维流畅对创新有重要意义。因为一旦针对某事物形成大量设想，就有更大机会产生有创新意义的想法。提出的设想不一定每一个都正确，有创见性的设想也不是一下子就能在头脑中形成的。但是，提出的设想越多，出现有创见性设想的概率也就越大。牛顿在他《光学》著作的最后部分，提出了30多个"设想"。这些设想，既有在现代仍熠熠生辉的真理，也夹杂着一些今天看来显而易见的谬误。不过，正是因为牛顿提出了许多"设想"，后人才能依据这些"设想"为人类伟大的科学事业实践奋斗。

思维流畅是以丰富渊博的知识和较强的记忆力为基础的，这些资源是大脑构建对外部事物认识的框架支柱。思维流畅的人能够根据当前情形所得到的基本信息，对事物有个大致的印象，再通过整体感知以及所观察到的事物激活相关知识，调出大脑中储存的信息，并进行创造性思维，从而提出大量新观点。

（三）变通的能力

变通的能力是指思维迅速地从一类对象转变到另一类对象的能力。例如在解决某个问题时，依靠经验的处理方式已经不奏效，这个时候就要触类旁通，依据当时情况制定合适的解决方案。比较经典的例子就是司马光砸缸，因为身高限制以及时间的紧迫，从缸里救人的传统方法已不可行，这时候司马光选择砸缸放水救人就是一种变通的能力。具有变通能力的人，一般都能根据客观实际情况的变化机智地解决问题，在思维中灵活应变，不拘泥于条条框框，不循规蹈矩，敢于提出新观点，思想活跃，精力充沛。而缺乏变通能力的人，处事往往机械呆板，墨守成规，没有创新精神，思想陈旧，观点保守。

创新实践表明，凡是在创新上有成就的人，大都思维活跃，妙思泉涌。因为创新需要不同领域的知识或许多新的观念作为支撑，所以越是能带来重大突破的创新，越是需要借助于其他领域的知识作为补充。例如，19世纪的英国化学家道尔顿提出了"原子论"，为化学领域的发展做出了重要的贡献，恩格斯也称誉他为"近代化学之父"。当时，他是一位气象学家，之前他研究的是气体被水吸收和水被大气吸收等物理问题。他认为，气体发生混合作用同水吸收气体都是一种没有亲和力作用的过程。正是由于道尔顿从大气物理的角度来尝试解释混合物和化合物的区别，他才从当时使化学家感到迷惑不解的溶液均匀性问题中，揭示出不同元素化合时所遵循的倍比定律，进一步提出了"原子论"。

创新需要多向思维，仅有流畅的能力是不够的，还需要变通的能力。因为流畅性强调产生设想的数量，而不是种类。如果只是在同一类型上做出众多反应，那么就会形成思维定式，思维就会受到局限。比如说面粉的用途，一般人就只能说出"包饺子""做包子""做面条"之类，这样就显得同质化、千篇一律，不能变通。一般来说，在众多的对某一事物的反应中，反应的种类越多，变通性就越高。变通性不仅仅反映思维的广度，还反映思维的维度及其多样化。单一无法变通，多样才能灵活。变通的类型有性质变通、方向变通、时间变通、形状变通、功能变通、蕴涵变通等。要提高灵活的能力，就必须克服思维定式，打破传统思维习惯。变通的能力，必须以广博的学识为基础，有了广博的学识，才能左右逢源。

（四）独立创新的能力

独立创新的能力是一种求新求异的能力，也是一种探索不同寻常的思想和解决新奇问题的能力。具有独创能力的人能想出别人想不到的观点，能做到别人做不到的创举。具有独创能力的人往往与他人不同，他们具有开拓性，能提出新的意见，做出新的发现，实现新的突破。而缺乏独创能力的人，只会一味地模仿盲从，只知道在条条框框内生活，墨守成规，不知变通，生活毫无新意，就像契诃夫的短篇小说《装在套子里的人》中的主人公一样。如果只是依靠吸收、模仿、学习等重复获取间接经验方法，而不进行变革、突破，就不可能创新。独创能力是创新能力最本质也是最重要的核心要素，它反映了一个人创新能力水平的高低。同时，独创能力是人们在创新活动的各个阶段乃至各个领域都需要具备的最基本的能力要素，无论在技术产品研发上，还是在生产、管理、运营和市场开拓上，甚至在日常学习和生活中，人们都需要运用独创能力。例如蒙牛刚成立初期，为提高品牌知名度，采取不与其他乳制品品牌争做第一的宣传方式，打出"做第二品牌"的口号，让人耳目一新，从而激起消费者的购买欲望。

一般人的创新能力，按实践的难易程度排列，整体上是流畅性最容易实现，变通性次之，独创性最难。独创能力是最重要也是最难的。它主要体现在两个方面：一是打破常规，从条条框框中走出来，追求与众不同；二是求新求异的有机结合。打破常规就要求思维具有批判性。所谓批判性思维，就是对要解决的问题所依据的条件进行反复推敲、考虑，对计划、方法和方案等反复研究考察，不盲从、不迷信、不拘泥于现成结论，大胆推翻原有结论，提出新思想。富于独创能力的人，常常用一种挑剔的眼光来看问题，并总是能提出与众不同的罕见想法。求新就是以新的角度看问题，以新的思路、新的方式提出新设想。求异就是要独特，提出的设想与常规的设想相比要有很大不同，是一般人不易想到的。

（五）制订方案的能力

创新的设想能否实现取决于方案的制订和实施，制订方案的能力是指把一个创新的想法变成一个具体的实施方案的能力，方案是为了解决特定问题，达到预期目标效果所采用的方法和手段。制订方案时，首先要明确创新目标是什么，目标是实施一切战略的前提，它着重解决"我们要去哪里"的问题。其次，方案是围绕着实现创新目标而制订的，在制订前我们要着重考虑实现这个创新设想存在哪些问题和困难，要了解方案实施主体拥有的优势、劣势、机会和威胁等。再次，针对需要解决的问题，选择适用的方法和途径，并确定需要解决的重点和方向，主要是运用创新方法，包括类比、想象、直觉、灵感等多种形式。最后，制订方案的实施步骤。

从设想、构思、证明到具体的设计、修订、完善，需要做大量的创造性工作。创新是一项探索性工作，没有现成的方法和模式可以参照，它不是对人们已有认识和实践的重复，而是在此基础上进行新的创造。因此，创新过程不可能一蹴而就，其中必然会遇到许多挫折和失败。为此，就需要拟订多套方案以备选择，鸡蛋不能同时放在一个篮子里，为降低风险，在制订方案时也要拟订多种相互补充、互相完善的备选方案。如在制订某个博物馆的开馆活动方案时，就要根据天气、人员流动等不可控因素制订多种备选方案。

（六）评价的能力

评价的能力是指通过评审，从许多方案中选择出一种方案的能力。在创新活动中，人们需要冲破任何约束，解放思想，从而提出大量的设想、构思和方案。在多种方案中，除了个别可能是"闪光"的设想之外，其余还不可避免地伴随着大量的在技术经济上暂不可行的设想。因此需要通过评价，选出在技术经济上可行，有大概率获得成功的方案。如果不进行评价，往往就会造成人力、物力和财力的不必要浪费。评价还可以促进创新过程中方案的优化。没有正确的评价，没有正确的遴选，就无法保证得到最优或较优的创新方案。不仅在创新初期阶段要进行方案选择的评价，以寻求最佳方案，还要在创新完成时对创新结果进行评价，以确定创新的价值和水平。而且在创新过程中，也要多次对活动进行评价，这样可以帮助我们寻找最佳创新方法和指明创新前进的方向。这正如象棋高手在下棋时，每走一步都需要评价一样，评价对创新活动也同样具有极为重要的作用。

在所有的创新方案中，大部分方案在执行过程中因为多重因素中途夭折，可见创新的风险很大。因此，选择方案不可能通过一次评价就能确定下来。在创新的初期，无论是设想还是方案，都有许多不确定因素。例如，方案的成本、设想实现的可靠程度等，常常是不确定的。未被选取的方案也有可能发展、深化为成功的方案。在创新过程中常有这样的事发生，如某公司提出的创新方案未被本公司采用，或本公司评价后认为不可行，后来却被其他公司采用了，并且获得了很大的成功。因此，对方案的筛选和评估是一件值得慎重考虑的事情。

对方案的评价主要从科学性、逻辑性、美学、技术、经济和社会等方面进行综合评价。其中，科学性主要是看是否正确客观地反映了事物的本质及规律，有没有违背事物发展的规律，最基本的就是有无违背常识。例如，伽利略用实验方法去评判亚里士多德的物理学理论，发现他的关于自由落体速度的学说与事实不符，是错误的。逻辑性主要是看是否存在矛盾，是不是具有一致性。例如，现代数学常常利用数理逻辑的"公理化形式系统"来判明一个数学理论的一致性。美学标准主要是"优美"和"简单性"。德国物理学家海森伯曾经给科学理论的"优美"做过这样的解释："'优美'是各部分相互之间以及与整体之间真正的协调一致。"爱因斯坦也曾指出："实际上，自然规律的'简单性'也是一种客观事实，而且正确的概念体系必须使这种'简单性'的主观方面和客观方面保持平衡。"他甚至说，科学理论的"进化是循着不断增加的'逻辑基础简单性'的方向前进的"。在评价新的立意、新的思想时，美学标准尤为重要。对应用研究方案的评价主要是技术评价、经济评价、社会评价以及这三者的综合评价。其中，技术评价主要是围绕功能进行的；经济评价主要是围绕效益进行的；社会评价主要是围绕方案的实施可能会给社会心理或其他方面带来什么影响来进行的。

创新能力是由上述基本能力组成的一个有机整体，只有在这几个基本能力协调一致时，创新能力才能得到充分发挥。具有创新能力的人，不仅要具备这些能力，并且还要懂得思考在什么时候，以何种方式来有效地运用这些能力。创新就是这些能力都达到均衡并合理运用的过程。

二、创新能力的影响因素

（一）家庭对创新能力的影响

有专家表示，母乳喂养初期的经历和婴儿心理健康的关系不容忽视。孩子自出生以来，受到家庭其他成员的影响，被父母的生活方式所左右。家庭教育是影响大学生创新能力发展的重要因素。家庭的生活环境和养育方式都会影响孩子从婴幼儿期到青春期的发育，甚至成年后的社会适应能力。大学生创新能力的形成在很大程度上得益于家庭教育的影响。父母对孩子的管理方式大致有以下几种：压迫式、溺爱式、民主式。被沉闷的家庭氛围所压抑，人容易产生怠惰心理，也容易在激情的营造上有所欠缺。民主的家庭环境对大学生创新热情的激发、对创新能力的培养都是非常有益的。在压抑的家庭氛围中，往往会有不和谐的事情发生。不和谐的家庭环境，会对人的创新能力产生不良影响，甚至会影响到他们的身心健康。

中国传统的家庭教育注重对孩子服从的教育，尤其鼓励孩子听父母的话，做个好孩子，这会使孩子缺乏最原始的创造冲动，缺乏对新鲜事物的求知欲；淡化主观能动性和创新能力，对孩子缺乏耐心，过分强调"孝"的传统教育思想；评价孩子的唯一标准——分数，一切以考试结果为准。若要想提高孩子的创新能力，就会挤占孩子自由支配的时间，那么孩子的成绩将受影响。家庭教育理念在培养人的创新能力方面起着至关重要的作用，对他们的世界观、择业观等方面的影响也非常重要。

（二）学校对创新能力的影响

学校教育贯穿于学生整个教育生涯的始终，对学生创新能力的培养至关重要。如果学校很难兼顾个性化、多元化的学生发展需求，那么学生的自由发展会受到一定程度的制约，学校教学管理模式的改革也在一定程度上会受到制约；学校教育体制僵化，科技创新机制不健全，学生的创新空间就会受到严重制约；学校不能及时更新教学制度，学历层次将会与社会脱节。学校教师把知识教给学生的过程中，要注重加强，对学生创新潜能的激发和创新思维的培养，积极探索和实施一系列旨在提升学生创新能力的方法，达到教育教学的效果。

（三）社会对创新能力的影响

人才的革新离不开社会的进步。一个行业的兴盛，与人才的利用与培养是分不开的。人才的需求不断增加、层次不断提高，人才市场竞争日益加剧。而一些用人单位过分看重学历，导致学生在实际工作中，误把接受过高等教育看成是培养创新能力的目的，从而与创新能力的培养失之交臂。而用人单位对大学生的创新能力还没有形成有效的评价机制。现在的大学生对创新能力还没有真正的了解，其中有些学生把自己的一技之长当成创新来看待。大学教师有着繁重的教学任务，无暇顾及学生创新能力的培养。创新缺乏量化标准，创新人才培养激励机制不够健全。制定激励政策，调动大学生创新实践的积极性，通过创新实践建立有效的评价机制，切实培养高素质创新人才，为大学生开展创新实践创造便利条件，是社会迫切需要的。这些也在一定程度上制约了大学生创新能力的培养。

三、创新能力的培养和提高

创新能力是一个国家进步的灵魂，是经济竞争力的核心。社会竞争是人才的竞争，更是创新能力的竞争。如果没有持续创新的能力，人类的文明将无法存续，人类的生产生活水平将止步不前。一个民族，没有创新的人才，终将会落后。创新之心，人皆应有，是可以通过培养来实现的。

我们可以从以下五个方面进行创新能力的培养。

（一）培养创新理念

提高对创新的认识，使大家认识到创新是适应人类生存和发展的客观需要，是针对生产和生活实践中遇到的新的、特殊的、棘手的问题而开展的。养成用新的眼光看问题的习惯，在工作中用新的理念想问题，用新的方法解决问题，不断反思自己的工作思路和工作方法，探索新的解决之道。

（二）丰富创新知识

要学习创新理论。在学习创新理论的同时，发现工作中的新思路、新办法、新措施，从而不断提高创新的力度，了解创新的特点和原则，掌握创新的步骤，了解创新所需要的知识和能力。工作中要学会克服故步自封、因循守旧，要求真务实，开拓创新。

（三）创造一个新环境

环境是形成和提高人类创新能力的重要条件。加强舆论引导和宣传，形成"创新导向"的文化氛围，引导人们形成以新思想为主线、用新方法解决问题、用实验和探索激发创新思维、以创新为标准衡量专业技术人员能力的新思想导向，建立激励创新的机制，营造宽松的工作环境，从而唤起每个人对创新的渴望，唤起每个人对创意的渴望。

（四）培养创新思维

以创新思维为核心，以人的创新能力的形成为关键。通过学习训练发散思维、逆向思维，使自己的思维方式更加丰富，养成多层次、多角度认识问题和分析问题的能力，从而在实践中抓住新现象，发现新问题，探索新规律。

（五）专注于实践结果

要培养创新能力，实践是不二法门。让想法停留在脑子里而不加以实践，不是真正的创新。创新的火花很多时候是从讨论具体的工作流程中冒出来的，是基于对职场中的问题、方法的理解，而不是脱离工作，停留在意识层面的想法。与实践相结合的创新，才是真正的创新。

总之，培养创新能力是一件非常重要的事情，也是一项不容忽视的工作，值得全社会的共同关注。

第三节　敢闯会创　展翅飞翔——打造创业能力

创业能力是创业者发现和利用市场机会，创造新产品或服务并实现其潜在价值的能力。创业能力是影响创业实践效率、促进创业实践顺利开展的主观心理条件；它是一种基于智力活动的强大的综合性和创造性心理功能；它是一个与个体心理趋势和特征密切相关的心理过程，它在个性的制约和影响下形成和运行；它是通过类比和概括建立知识、经验和技能的能力，以及在商业实践中采取复杂的协调的行为动作的能力。

一、创业能力的构成

创业能力是成功创业的先决条件。创业能力是一种综合性的高层次能力，分为决策能力、经营管理能力、技术能力、人际交往能力、信息处理能力、把握机会的能力和语言表达能力。

（一）决策能力

决策是人们综合能力的体现。创业者应该首先成为决策者。创业的决策能力是创业者根据主客观条件和当时情况，正确确定创业发展方向、目标、战略和具体计划的能力。

创业决策能力是创业者成功创业的重要因素。创业者在创业过程中所遇到的各种问题，如选择、定位、策略、商业模式等，最终都要通过创业决策能力来解决。随着社会经济的发展，创业者的数量日益增多，同时创业面临的风险也日益增大。创业决策能力的强弱，直接影响到企业经营活动的成败。根据统计数据显示，全球每年约有 30 万创业者在创业过程中遭遇失败；有将近 1/4 的创业者会选择放弃创业，转而选择其他职业形态。由此可见，创业者所面临的风险远比其他行业高得多。创业决策是在风险和收益之间进行权衡与选择，也就是创业者要根据自己的知识、能力、资源等情况来选择创业机会、经营模式和发展战略。创业者不能依靠以往成功的经验和直觉，而必须依靠自己对市场环境的预判，通过理性思考与分析后做出最优决策。

在创业过程中，决定企业发展方向的因素很多，如企业所处行业、市场前景等，都有可能影响到企业的未来发展方向。在此情况下，一个优秀企业家往往会对自己选择的行业所需掌握的知识技能进行学习和实践后，再进行评估来决定下一步该做什么事情。同时这也是对市场选择和对竞争对手的分析。因此，创业决策能力对于一个创业者来说是非常重要的。通过对创业决策过程做深入了解可以更好地认识企业未来所要走的路，通过对市场环境进行分析可以选择恰当的经营模式。此外，随着市场竞争环境变化、信息传递速度加快以及创业者对知识能力需求越来越高，创业决策能力将决定创业者在市场中所能拥有或创造出的最大收益。因此，培养和提高创业者的决策能力对降低经营风险、促进企业持续稳定发展具有重要意义。

提高决策水平，就是要树立持续创新的理念，克服因循守旧、墨守成规的思想；要有深厚的知识储备，不仅要有哲学、经济学、政治学、法律和管理学的知识，还要有系统论、信息论和控制论等现代科学方法论。正确的决策取决于一个人的判断。例如，大学生创业，首先从众多的创业目标和方向进行分析比较，选择最适合发挥自身优势的方向、途径和方法。在创业过程中，我们可以从错综复杂的现象中找出事物的本质，识别真正的问题，分析原因，然后正确处理问题。所谓判断能力，就是人在思维的基础上对事物进行分析、辨别、断定的能力。分析是判断的前提，判断是分析的目的，良好的决策能力是良好的分析能力加上准确的判断能力。

（二）经营管理能力

创业的经营管理涉及管理者的质量观念、人才的选择和任用、资金的管理和创业者的诚信。企业家一旦确定了自己的创业目标，就必须组织和实施这些目标。要在激烈的市场竞争中取得优势，就必须具备经营管理能力。

1. 管理者的质量理念

创业的经营管理要始终坚持质量第一的原则。质量不仅是物质产品的生命，也是从事服务业等工作的前提。创业者必须严格树立坚定的质量观。学习效益管理，要始终坚持效益最大化的原则，这是创业的终极目标。可以说，非效益性的管理是失败的管理，非效益性的创业是失败的创业。要达到最佳效益，就必须在创业活动中对人、物、财、地、时的使用选择最佳方案。不闲置人员、资金、设备，不浪费场地和原材料，使创业活动有序进行。学会管理就要勇于担责，创业者对企业、对员工、对消费者、对顾客、对整个社会都要有高度的责任感。

2. 人才的选择和任用

市场经济的竞争是人才的竞争。谁拥有人才，谁就拥有市场，谁就拥有顾客。一个学校如果没有德才兼备的教师，必然会失败；一个企业如果没有优秀的管理人才和技术人才，就不会有良好的经济效益和社会效益。同样，作为创业者，如果不能吸引既有能力又有道德的人一起创业，就很难成功。因此，我们必须学会用人，善于用人，敢于担当，吸引比自己优秀或者有一定专业知识的人一起创业。

知人善任，就是不仅要善于发现人才，还要善于用人。要用其所长，避其所短。汉高祖刘邦说过一句名言："夫运筹帷幄之中，决胜千里之外，吾不如张良；连百万之众，战必克，攻必取，吾不如韩信；抚百姓，筹军饷，不绝粮道者，吾不如萧何；吾能用之，所以能得天下。"可见知人善任是何等重要。知人善任一是要善于慧眼识英才。发现和培养人才，不能求全责备，因为"金无足赤，人无完人"。此外，要善于因材施用。如果一个人是学术权威，擅长研究，他只有分配到科研单位才能发挥作用，如果他去行政岗位，可能发挥不了作用；如果一个人有管理能力，他应该承担具体的工作。学非所用，用非所学，都会造成人才的浪费。只有当一个人擅长他的职责时，他才能充分发挥人才的智慧。

3. 资金的管理

创业的首要任务就是理财，其中最重要的就是开源节流。开源就是从根本上培育并开阔财源。在创业过程中除了抓好主要项目创收外，还要注意开辟更多的资金来源。节流就是节省不必要的开支。白手起家的富翁们都经历了从无到有、勤勤恳恳、兢兢业业的创业过程。

其次，要学会管理资金。第一，应该了解资金的预算和决算，并对其做到心中有数；第二，应该了解资金的流入和流出以及资金的周转情况，应记录每一笔资金的来源和支出，以便控制账目；第三，应该了解资本投资的论证，每项投资都应进行可行性论证，我们只进行有利可图的投资。大利润可以用大投资，小利润可以用小投资，以保证每一笔资金得到恰当运用。

简而言之，进行创业的人的心中总有一个算盘。每做一件事，每花一笔钱，创业者都应该考虑这是否会促进他们的业务发展，是否会增加他们的资本价值。

4. 创业者的诚信

就创业者个人而言，诚信就是立身之本，"言而无信，不知其可也。"在创业过程中，创业者如果不被信任，就无法顺利地完成创业；创业者如果失去了信任，将无法行动。诚实守信，首先，要做到言出必行；其次，需要关注质量；第三，需要用正直真诚的态度来打动人们。

（三）树立法治思维的能力

多数创业者在创业初期都愿意把时间用在定方向、做产品、促增长上，然而创业者在创办企业的过程中，从股权分配到商业机密保护免不了会与"法律"有所接触。创业者只有增强自身的法律意识，避免触碰法律红线，才能让企业长久发展下去。随着企业的做大做强，财富积累得越来越多，创业者需要面对的关系越来越复杂，因此也越应当关注法律问题。创业者要有树立法治思维的能力，运用法律助力企业发展。创业者必须密切关注常用的法律，如《公司法》《合伙企业法》《个人独资企业法》《中小企业促进法》《市场主体登记管理条例》《劳动法》《合同法》《劳动合同法》等，真正做到决策有依据、做事讲程序、判断看证据。

企业需要依法经营、规范运作，这就要求企业管理者必须具有较强的法律意识和习惯性的法律思维。管理者如果没有必备的法律知识，就会像不懂得交通法规的驾驶员一样，即使侥幸没有发生伤亡事故，也难免会被交通管理部门罚款或吊销驾驶证。创业者只有树立法治思维，依法治企，合规经营，当合法权益受到侵犯时，才能拿起法律的武器，保护自身的权益，也只有这样才能在变幻莫测的商业社会中行稳致远。

市场经济本身就是法治经济。我们生活在一个日益法治化的社会中，创业者是这个社会最有活力的群体，理应成为法治文化的引领者。

（四）人际交往能力

创业者应具备很强的人际交往能力，这种人际交往能力不仅体现在创业者和员工之间，也体现在创业者和合作伙伴，创业者和消费者之间。要妥善处理好人际关系，主要把握好四个环节。

1. 尊重

尊重是对别人能力的接纳和认可，相互尊重是疏通、协调各种人际关系最重要的一环。在工作中要保持对上级、同级和下级的尊重，只有协调好三者的关系，才能将心比心，使工作效率极大提高。对上级尊重，表现在不折不扣地完成上级交给的任务，让上级的指示落到实处，对于有异议的地方，要用合理的方式提出；与同级要友善交流，互相帮助，对于遇到的困难要精诚合作，尊重同级的工作；对于下级要体恤下情，听取下级的建议，尊重下级取得的成就，及时对所取得的成就嘉奖。

2. 了解

尽可能细致地了解上级、同级和下级的所思所想。了解上级的战略构想和企业规划，以便于调节自己思想上的差距；了解同级的工作，精诚合作，提高工作效率；了解下级的诉求，更好地调整策略，关心下情。

3. 给予

在工作中，以最可取的方式给予对方想要的支持、帮助和信任是非常重要的。上级最希望下属圆满完成自己布置的任务；在同一层面上，他们希望彼此携手建立和谐的关系，在亲密友好的氛围中进行良性竞争；下属最想要的是上级的"信任"，困难时的大力支持，失意时的热情鼓励，成绩出来后的及时奖励。

4. 索取

任何一个创业人才都不可能独自打开新局面，他必须尽可能地得到上级、同事和下属的支持、帮助和配合，这意味着你需要"拿"。在努力争取上级支持的时候，不要随意盲目地对上级提出这种不合理的要求。要知道上级能提供什么，愿意提供什么，避免强迫别人这样做，造成被动。与同级合作时，要看这种合作是否给同级带来麻烦，是否在同级权力范围内；要求下属完成任务时，要弄清楚下属可能会遇到什么困难，是否能靠自己的力量顺利完成。

（五）信息处理能力

在知识经济时代，人们的经济活动和社会生活与信息的关系已经越来越紧密了。收集信息和处理信息已经成为人类社会进步的必要条件，成为社会、经济和科学技术发展的重要基础。信息与物质、能源一起构成了当今世界的三大要素。

我们每天生活在信息的海洋中，无论是工作学习，还是衣食住行，都要接触各种各样的信息，信息已经渗透到了人类社会活动的每一个角落。尤其是互联网的普及和使用，使人们与信息的关系更加紧密。

1. 信息的含义

虽然每个人每时每刻都要和信息打交道，但是要用一句完整的话来概括信息，并给它一个科学的定义，并不是那么容易的。随着人们对信息研究和利用的不断深入和拓展，人们对信息的认识也在逐步加深。所谓信息，是指人们能够识别的具有新内容的新闻、情报、数据和资料。

信息是客观世界中各种事物的变化和特征的最新反映，是客观的，不是虚无的，它具有真实性以及时间上和空间上的确定性。信息又是客观事物的主观反映，它的形式是主观的。信息是离不开物质载体的，它只有通过声波（谈话、广播、电视、电影等发出的声波）、符号（文字、手势、姿态等）、图像（电视、电影、照片等）、信号（自然信号和人为信号）、电磁波等载体才能表现出来。但载体只是表现信息的材料，并不是信息本身，信息一经生成就不会随着负载它的物理介质的改变而改变。例如，"我国高校将在 2000 年继续扩招。"这条信息是实实在在的东西，绝不是人们主观想象的，它是教育部工作的具体部署。它是通过广播、电视、报纸传递后的再现。信息虽然本身没有价值，但却是一种无形的财富。它的价值将通过创业者在利用信息以实现其经营目标的过程中表现出来，善于收集信息是创业者的基本能力之一。信息量越大，决策的准确度就越高，信息的价值也就越大。可以说，信息灵通，决策得当，则生意兴隆；反之，信息闭塞，盲目决策，则生意衰败。

2. 信息的内容

信息的内容十分丰富，一切与人类活动息息相关的情况都会形成信息的内容。

（1）经济信息。经济活动是人类最基本的社会活动，它包括生产、消费、流通和分配全过程。随着经济活动的进行，必然会伴随着大量信息的收集、处理和利用过程。因此，经济信息是人类所处理的信息中最基础也是最多的一类。

（2）政治信息。政治信息是指一个国家、一个地区、一座城市重大方针、政策、法规等方面的情况，如政党的政治纲领、政府的对外关系、政治局势的稳定情况、法律的完善与执行情况、国际关系情况、社会团体情况等。这类信息反映的是政治、法律领域的情况，可以供分析周边环境情况之用。

（3）文化信息。文化信息是指人类社会文化生活方面的情况，如文学、诗歌、音乐、绘画、体育比赛、新闻出版、风俗习惯、影视、广播、旅游等方面的情况。这类信息可以为开展好经济活动作参考，这些领域也是目前创业者聚焦的新领域。

（4）科学与技术信息。科学与技术信息是指国内外科学技术发展趋势和科技成果及其应用等方面的情况，它是人类进行科学研究积累的成果，如各种理论、学说、发明、专利、重大技术改革、科技推广以及大量的数据资料等。这类信息反映科技领域方面的情况，可以供技术革新，技术应用，新工艺、新产品开发之用。

（5）其他信息。其他信息是指除了上述信息以外的信息，如自然环境状况、天气情况、交通信息等。

3. 信息的收集

信息收集就是根据准确、及时、全面、经济的原则，采用科学的方法，通过有关渠道，有意识地收集和提炼信息的过程。在当前市场竞争环境下，只有最大限度地收集和把握各方面的信息，才能抓住发展机会，创造商机，寻求优势，确定对策，并在竞争中取胜。

4. 信息的处理

仅仅收集信息是远远不够的，更重要的是如何利用这些信息。收集来的信息往往是零乱和孤立的，不能直接使用，而且还不可避免地存在着一些假信息等。因此，只有通过认真筛选、判别、归纳、分析和研究等一系列加工处理，才能去伪存真，去粗取精，最大限度地发挥信息的价值。

（六）把握机会的能力

创业活动有着综合性、复杂性、多样性的特征，创新的过程也要求一个人具备不断进取的创新意识。在现在科技日新月异、信息瞬息万变的时代，社会事物的复杂多变性与动态特性尤为突出，社会情况复杂与多变，信息的价值会随着时间转瞬即逝。一个人如果不善于发现新课题，开辟新领域，也就不能跟上形势的变化，那么就会让自己的事业陷入被动。

抓住重大创业机遇，不例行公事，不因循守旧，不墨守成规，擅长在表面的"平淡"状态中及时发现新形势、新问题，在实践中积极开拓新思路，总结创新方法，对改革中出现的新事物，勇于听取社会各方面的建议，仔细研究，勇于探索，勇于找出新思路、新方法；对已经获得的好成果，不满足、不陶醉，擅长在努力做出成果的同时不得意忘形，能通过努力寻不足、挖隐患，百尺竿头，更进一步。

人们在做事的整个过程中，应该随着事情的变化而审时度势地进行机智果断的反应。虽然当今社会各方面在蓬勃发展、日新月异，但就其与创新的联系来说，归纳起来大致有两种情况：一是变革尚未脱离创新行动的努力目标的初级阶段；二是变革明显脱离创新行动的努力目标的第二阶段。

对第一阶段来说，通常并不需要对原研究方法作实质性的调整，只要求对方法作一些局部的改变，以适应不同的条件。但是，对于变化的过程，又必须作出慎重的斟酌，对原来的判断标准进行很大的调整，甚至推倒重来。一位杰出的企业管理人，其卓越的能力通常都体现在对某些错综复杂的"事件"和"非规范问题"的果敢解决上。从复杂战略的制定，到与存亡密切相关的政治斗争的应对；从微妙的外交活动的组织，到重大的国际经贸交涉，都必须具有机智的应变能力。随机应变的基本本领要求创业人在纷繁复杂的创业过程中，自觉地将创业策略方法同客观条件相适应。

虽然"适应"是一种能力，但是"适应"一定要在不放弃基本原则的前提条件下，依据客观事物的变化和其他所有可能性要求，尽量采用科学合理灵活多样的"适应"措施，实现"你变我也变"，以便于最后实现既定的目标。无原则的灵巧"反应"，是圆滑世故、弄虚作假。现代社会中，人们的反应能力是树立在科学判断基石上的原则性和灵活性的高度统一，在确知不能达成预期任务时能毫不犹豫地"刹车"，并适时调整任务重点；当确知再努力一次就能取得胜利时，能顶住困难，努力消除社会各因素的影响，不惜一切代价地赢得成功；当已完成了原有规划之后，能合理地制定新的可以实施的方案，并引导大家向新的目标前进；当认为个人和客体（即客观环境）的关系变化，依照既定决策和方法难以实现原有规划时，能审时度势，急中生智，及时临场给出自己的最终决定，将创业活动继续引向成功。

（七）语言表达能力

把握创业机遇，也要求创业者从语言的分量、语言的逻辑性和语言的幽默感三个角度，培养语言表达意识。语言的分量主要是由字意和态度两种要素所组成的。字意是指话语的意思，而态度则是指表达中的轻重缓急，以及所持的动作、表情。而说话的字意则要求语言用正确的方式表达，而不能词不达意，或废话连篇。要重视语言的分量，其中蔑视性的话语分量太重会令人伤感，容易让人背上思想包袱；褒义的话语太重，容易让人骄傲自满；褒义的话语太轻，则对人起不了激励效果，也会令人沮丧。而语言的逻辑性则是要使话语结构严密、有条有理、无可指责，并能左右照应，因果连接紧密，如此就能抓住听者的心；不然，话语就会变得啰唆、冗长，甚至言而不出，东扯西拉，索然无味。语言的幽默感，能使一个人更好地团结群众，并制造宽松、愉悦的氛围，从而增进一个人的思维、感情的沟通能力，让别人更容易接受他的看法、主张。

创业者们在语言表达中要有自我约束的才能。要学会通过本行业的行为规范，来评估、管理和衡量自身与他人的行为。要学会根据自身的创业方向，控制和管理自身与理想不符的言论与行动。尤其是遇到企业变革或者遭遇挫折时，能够在语言方面始终从容得体，不发表情绪化或者负能量的言语。

二、创业能力的培养途径

（一）从点滴小事培养自身创业态度

对创业者而言，如何成功创业，首先要看能否具备创业的心态。在创业的成功者中，成功的基本要素不尽相同，但大体可以分成两类，其中一类基本要素与我们的精神内核密切关联，如热情、主动性、勤奋、果敢、勇气、奉献精神、快乐、自信、雄心、恒心、责任感，这就是"心态"；另一类基本要素则归为后天培养得来的，如擅长管理、口才好、有远见、创意强、技能好、工作能力强，这类因素我们可称为"技巧"；另外那些看似我们无权确定的客观因素，我们称为"其他"种类，如运气、时机、条件、家庭背景、长相、天赋等。既然决定成功的因素中大部分来自于心态，似乎人们就会得出结论：成功主要取决于心态。不过，这一结果却显得有些牵强，因为另外的非态度因素，或许才是产生决定性影响的最重要因素。

为了提升创业心态，人们首先需要转变过去陈腐的传统观念，愿意接触各种新奇事物，从而养成洞察事物的能力，但同时需要在平时的观察中抓住稍纵即逝的机遇。有人曾说过，在汽车上、在厕所中、在商店里、在街头等地点，时刻都会存在商机。哪怕是他人的几句无心的话，都会给创业者以启迪。但纵观数十年来中国和全世界的社会发展历程，能够创业成功的人，无不具备顽强的意志、较强的管理与组织能力，以及洞察机会的能力。一个人如果想要在事业上有所成功、有所创新，不仅需要具有较扎实的专业知识，还需要随时地洞察周围的机会，以增加创业成功的概率。

其次，要重视"自做""自学"和与人合作共事的关系。在锻炼自身学习和动手能力的同时，也要重视与人合作共事的机会。现在的创业者很少再有像前辈们那样靠自己能力创业的，更多的是依靠一个团队。这就需要一个合理的分工，以落实责任。这样，团队中的每个人的心中就有了底，知道自己该干什么，知道自己要干什么，可避免资源的重复使用，避免资源的使用发生冲突，不会让人的心里有种无力感，觉得什么都有人在干，而不知道自己该干什么。同时，团队成员相互之间更需要一种信任感。既然分工清晰，就该相信对方，用心做好自己的分工后，可以了解一下对方的，但是不需要过多地干涉。如果有重大问题需要决策，可以通过讨论投票决定。这样，可以给对方一种动力，也避免了可能发生的矛盾。这就需要大家坦诚相见，不做事后诸葛亮。与人交往，不仅仅是一门学问，也是一门艺术。与人相处，若是脾气急躁、容易发火，对创业而言是非常不利的。在创业的艰难过程中，假如缺乏亲朋好友的帮助，一个人是很难取得成功的。所以，人们在平时学习、生活、工作的过程中，都应该注重训练自己为人处事的能力，以帮助自身建立良好的人脉关系，为今后创业成功奠定坚实的基础。

（二）参加创业实践活动

在校大学生应该利用业余时间，参加社会实践活动。参加社会实践活动是学生素质教育的一个重要方面，也是学生学习知识、掌握技能、增长才干的有效途径。社会实践使学生在实践中接触社会、服务社会，这对于他们走出校门、走向社会、投身社会具有重要的意义。可以说："没有实践便没有发言权。"因此大学生可以积极参加勤工助学活动，或利用所学专业的特点开办小型企业。现在，许多大学生很有经营头脑，但不希望中断学业。在这种情况下，兼职创办小型企业不失为一种好办法，例如开办一个网吧、书店、洗衣店等，或成立一个小型的超市、宾馆等。同时，大学生应该充分利用学校提供的条件和社会提供的资源进行创业，因为这些资源都是现成的，不需要耗费太多时间。除此之外，积极参加社会实践活动，可为自己的创业积累经验。大学生在参加社会实践活动的过程中，应尽可能地了解所从事行业的基本情况，为将来的创业积累知识和经验。

积极参加创业训练活动也很有必要。参加创业训练活动，可以增强学生的自主创新意识，提高学生的动手能力，培养学生克服困难、战胜困难、勇于迎接挑战的精神，以及在竞争中团结协作、共同进取的优良品质。参加社会调查、访谈、研究等活动也是一个不错的选择。通过社会实践，大学生可以了解到一些实际情况，了解社会的需求，进而为创业奠定良好的基础。参加有实践经验的企业家的座谈会或交流会，大学生们可以分享自己积累的创业经验和心得体会，可以与企业老板直接接触，聆听老板对创业工作的意见和建议，同时还能与企业家交流自己在创业中积累的成功经验和失败教训等。大学生在参加座谈会或交流会的过程中，会逐渐积累创业经验，培养创业意识，提高创业能力，从而为未来的创业打下基础。

大学生参加实习实践活动还能提高自我修养。在实习实践中，大学生们会接触到各种各样不同的人、事和物。在这些人、事和物中学会处理人际关系；在这些人际关系中学会处理矛盾与冲突；在这些矛盾与冲突中学会分析问题、解决问题等。这种体验对大学生来说非常重要，它不仅可以培养大学生处理问题的能力，而且还能培养他们的自信心和勇气。

（三）参与创业设计竞赛

参与创业设计竞赛的目的是检验创业能力，它可以帮助我们从众多创业者中脱颖而出。在参加创业设计竞赛时，大学生会了解到一个全新的领域，对所学专业知识有进一步的认识和提高，培养团队合作精神，而且还能检验自己对市场的认识能力、组织能力和应变能力。此外，在参赛过程中，大学生会发现自己身上所具备的技能在比赛中也能得到很好的展示。因此，要想成功创业，就要敢于参加各种比赛。此外，大学生还可以参加各类创新大赛，大学生是具有创新能力的人才，创新大赛为大学生提供了一个广阔的舞台。大学生要想成功创业，应在大赛中充分展示自己的才华，并从比赛中获得启发。参加创新大赛可以提高学生的组织能力和应变能力，使他们了解到自身存在的不足之处，从而能够及时改正自己的缺点。

因此，学校要鼓励更多青年学生参加"挑战杯""创青春"等各类创新大赛，培养青年人敢想、敢做、敢于尝试、勇于创新的精神和意识，同时也能在一定程度上使青年学生对自身价值和未来发展有更清晰的认识。

（四）加入创业类社团

创业社团专门负责大学生创业，有的创业社团则是由企业发起成立的，比如大学生就业创业协会。如果你是想自主创业的学生，可以加入学校的创业园、创业街等孵化基地或者自己成立公司等。如果你对商业感兴趣，也可以加入企业联盟、电商协会以及其他创业实践类社团。社团中的成员不仅可以提高自己的专业能力，也能从同伴身上学习到很多创业知识。社团活动包括创业知识培训、项目路演、头脑风暴等，社团还会定期举办一些小型的活动，比如"模拟创业"。

（五）接触创业园区

目前，各高校内部基本都有自己的创业园区。其中，校内的创业园区主要以创业孵化基地、培训中心为主。学校通过建立各种创业服务机构帮助学生实现创业梦想。校外孵化器则是由政府投资，并吸引一些社会资金、社会组织共同参与孵化园的建设和运营管理。目前，高校在校外建立孵化器有两种形式：一种是学校和相关单位联合创办，如北京师范大学与海淀区政府联合成立"北师大海淀区学生创业孵化基地"；另一种是建立专门的管理机构，在学校外建孵化器，由校内单位或部门投资兴建、运营管理。高校创办的创业园区，可以为学生提供创业实践的平台，引导学生进行自主创业。

（六）积极参加学校的创业指导课程的学习与实践

参加学校的创业指导课程的学习与实践，可以使大学生对企业创办有一个全面的了解，同时在实际操作中也可以得到创业理论的指导。通过学习，学生了解和掌握了一定的基础知识和技能，培养了创新精神、实践能力、合作能力和竞争能力。大学生创业需要的不仅仅是理论知识，更需要的是实践精神，这也要求大学生在平时多锻炼自己的动手操作能力。大学生创业教育是一个复杂的过程，既涉及大学生创业意识、心理、技能等方面的培养，又在实际操作过程中涉及管理、法律、市场等诸多因素。大学生创业教育以培养学生的创新精神和创新意识为重点，通过理论与实际相结合，使大学生可以系统掌握从事企业管理所必须具备的知识和技能，引导大学生树立正确认识自我、完善自我的观念。

第四章
创业者和创业团队

第一节 一个特殊的群体——创业者

一、创业者概念

有这样一类人，他们坚毅果敢，他们有勇有谋，他们渴望成功同时也不畏惧失败。人们常说，幸运之神眷顾他们，却常常忘了失败之神也是他们的常客，他们，便是创业者。创业一词，在《新华字典》中的解释为开创建立基业、事业。在社会生活中，有各式各样的不同类型的工作形式，自然也就有种类繁多的创业活动和形形色色的创业者。创业者并非天生，也并非注定只能发生在谁的身上，而是指一个人，他在认清自己的前提下，理性地看待创业问题，认真考虑自身利益与社会利益后，开创和建立适合自己特性、特征的产品与服务，合理有效地分配资源，以此来满足人们的需要。创业者这一词的解释有着很长的发展过程，但是在今天，我们将创业者更多地理解为创办建立一个新的企业的人，他们维系这个企业的运营与管理，行使决策、承担风险、完善发展，从而获取收益。总之，创业者的内涵随着经济的发展不断丰富。

二、创业者特征

在我们身边有着数不胜数成功创业的典型，我们常常会剖析他们创业的环境和背景，分析他们身上的性格特质，深入挖掘他们成功的因素，试图找到成功的秘诀。但这也使得很多人陷入思想误区，认为创业者是天生的，或许是某些基因的作用，使得特定的人群能够创业、能够成功，而自己并不在这些人中，因而还没有尝试就已经打了退堂鼓。著名创业教育家美国西北大学教授劳埃德·谢夫斯基说过："婴儿的每一天都是新的一天，他们总是会爬到不该爬的地方，他们总能带给你惊喜，你会知道他们是多么的无所畏惧，这就说明，我们每个人都是天生的创业者。"既然如此，我们为什么又要探究创业者具备的种种特征呢？那是因为很多人面对未知的创业充满了好奇与恐惧，我们将创业者通常具备的心理、行为、知识、能力等四个维度的特征做出归纳总结后，方便人们参照，通俗点说，是让人们心里有个"谱"，能够更好地认识自己。就大部分创业者而言，他们应该具备以下几个特征。

（一）创业者的心理特征

1. 创业激情

对于一个创业者来说，他首先要具备的是对创业的激情。这类似于现在很多家长对于孩子的教育。一些家长总是困惑，为什么上同样的特长班，自己的孩子总是不如其他孩子优秀，根本的原因并不是自己的孩子笨，而是这种特长班并不是孩子出于自身的兴趣去学习的。家长都有望子成龙、望女成凤的心情，但却经常忽略孩子的兴趣。只有你感兴趣，你才会自觉地去奋斗、去钻研、去渴望体验一次次的实践。创业也是如此，对创业饱含兴趣，才会萌生观念与想法，才有继续探索下去的热情，才会展开无限的创业可能。创业的激情不是一时的，它伴随着整个创业过程，在漫长且艰辛的创业之路上，不是所有人都会一帆风顺，只有具备这种激情，创业者才能够在遇到困难时勇毅前行。

2. 敏感好奇

创业者在选择创业项目时，要有新奇点和侧重点，这个和创业人的好奇心和洞察力有很大的关系，只要具备这两种能力就可以发现机会并抓住机会。机会是留给有准备的人的，但对创业者来说，机会是留给敏感好奇的创业者的。很多时候，商机就摆在眼前，而我们却往往视而不见，将别人眼中的平淡无奇变为自己的无限商机，是一个合格的创业者应具备的特质。

3. 情绪稳定

创业过程相当于一次冒险过程，没人能预料未来会发生什么，也没人能预料未来你的公司会走多远。即使是创立于 1850 年，身为美国第四大投资银行的雷曼兄弟公司，在 2000 年还被《商业周刊》评为全球最佳投资公司，而在 2008 年金融危机中却不得不宣告破产。面对创业路上充满的种种未知，保证良好的心态和稳定的情绪显得尤为重要。古人云，不以物喜，不以己悲，说的便是这个道理。创业过程中需要承受的压力和恐惧是超出想象的，它会让大部分抗压能力正常的人崩溃，所以说创业者在心理承受能力方面是要优于常人的。

4. 敢于承担

现实生活中每个人都有自己的身份，不同的身份也有着不同的责任，每个人都是诸多责任的重合体。同样，对于一个创业者而言，合理合法地创办企业，保障企业和员工的生存，做出合理正确的决策等，都是创业者的责任。作为一个勇于冒险、敢于担当的创业者，责任和义务是要时刻铭记于心的，而不能一味地只想索取、获利，权利与义务永远是对等的。同时，敢于承担也不仅仅是承担应尽的责任和义务，还包括对于决策后果的承担。无论公司发展如何变化，要敢于面对现实，敢于接受现实，不自暴自弃，有勇有谋有担当，才是一个合格的创业者。

（二）创业者的行为特征

1. 诚实守信

古人云："人无信不立。"自古以来，诚信作为最重要的美德之一，一直被后人传承，可以说小到个人、家庭，大至整个社会、国家，诚信都起着至关重要的作用。作为商人，丢失诚信可谓寸步难行，不仅会导致顾客利益受损，而且会丧失客流量，在诚信的同行面前更是毫无竞争力。因此，诚实守信是每一个创业者最应该具备的品质。

2. 勤奋好学

关于踏实勤奋走向成功的案例不胜枚举，关于勤奋的名言警句也很多。小时候，父母总告诉我们，一分耕耘，一分收获。这说明并不是每个人生来就是天才，生来就一定会成功，就连伟大的发明家爱迪生也是在 3 000 多次的失败实验后才发明出了钨丝灯泡。成功的人总是在不断学习、不断进步的，他们知道，只有用勤奋的钥匙才能打开进阶的大门，只有不断地与时俱进，才能把握机会、实现价值。

3. 吃苦耐劳

如果一个创业者只将创业挂在嘴边，而不采取行动，那么他就不是一个真正意义上的创业者。如果他付诸行动，那么他会感受到创业路上的艰辛。万千世界，我们相信唯有适者才能生存。创业也是如此，敢打敢拼敢吃苦，不轻言放弃的人便是竞争中的适者。坚韧不拔的毅力会助其成功；反之，不能吃苦耐劳，就很容易招致失败。

4. 随机应变

创业是任重道远的，创业路上布满了荆棘。没有人敢说自己的创业活动不会出现一点点意外，一切都会在预计的轨道上运行的。一个好的创业者，一定要具备灵活应变的能力，对企业面临的各种变数，要沉着应对，脚踏实地，从实际出发，保持清醒的头脑来面对不同的挑战，才能使创业行为产生好的结果。

（三）创业者的知识特征

1. 扎实的基础知识

学习知识是为了让我们更好地认识世界，认识自然，认识美丑，明辨是非。学习基础知识不仅可以加深我们的认知，也会让我们看清精神价值的方向。对于一个创业者来说，学习管理，会赋予其经营公司的知识；学习法律，会让其对注册公司略知一二；学习道德，会使其对为人处世有着更深的理解；学习理财，会使其财富得到更好的管理。扎实的基础知识在人的学习、生活中起着不可替代的作用，有了它不一定会成为优秀的创业者，但优秀的创业者一定要精通它。

2. 精湛的专业知识

仅具备基础知识对一个创业者来说是远远不够的。如果想把企业做大做强，那么创业者必须具备广博精湛的专业知识，如会计管理、工商管理、财务管理、金融学、审计学、法学、决策论等。这些都是必要的，除此之外，还应学习与创业理论息息相关的经营知识以及企业所涉及行业的相关专业知识。就像程序与 IT 行业是永远分不开的，只有掌握核心的程序、核心的技术，才能掌握核心竞争力，才能拥有市场，从而获取利润。

3. 多彩的实践经历

对创业者而言，除了要具备丰厚的理论知识外，还要具备实践精神。老话说，是骡子是马，拉出来遛遛。一个企业在注册、创办、经营、发展的各个不同阶段，都有核心的问题要处理，如果对这些过程的方方面面既不了解，也不学习，那么必定会创业失败。实践出真知，只有了解经营企业的艰辛，才会对今日的成果倍加珍惜。

4. 丰富的社会阅历

如果说以上三点侧重的是智商，那么社会阅历代表的则是情商。我们生活在社会中，即使现在还是一名在校大学生，以后也会成为一个社会人。对创业者来说，打交道的无非是人和物。只要用心，真材实料都是可以搞定的，而人就不同了，社会上的人形形色色，对于创业者来说，其供货商、顾客，涉及资金来源、去向的人都是打交道的对象，稍有不慎，都有可能毁掉辛苦创办的企业。这时候，创业者所积累的社会阅历便会给自己提供帮助，帮助自己在初次接触一个人后便能快速做出正确判断。如果这件事情做不到，难免就会吃亏上当。另外，丰富的社会阅历会给创业者带来人脉，创业者如果点子新奇、踏实肯干、待人真诚，那么朋友自然会引荐可靠的上、下游关系。除此之外，社会阅历有助于创业者用更高的眼光来分析、判断事物，也会对创业者处理事务的方式方法产生影响，帮助创业者实现一步步的自我提升。

（四）创业者的能力特征

1. 创新力

创新意识和创新能力是创业者综合能力的一种体现，包括发现一个新的问题、产生一个新的思路、建立一套新的机制、发明一项新的技术等。它是以深厚的文化底蕴、夯实的知识为基础，综合心理、智力、人格多方面相互协调配合的一种能力。当今社会，与其说是人才的竞争，不如说是人的创新力的竞争。好的创新项目不仅是盈利的工具，更是创业者的心血。只有不断地进步，认识创新的重要性与必要性，才能促进个人的发展，才能推动社会的进步。

2. 领导力

一个好的创业项目，靠单打独斗是成不了气候的，团队的力量永远不容小觑。而在一个团队中，卓越的领导人是团队的风向标，他能够动员各部门的员工，使员工各司其职，使企业得以成功运转。我们从小熟知的《西游记》中的"唐僧团队"便是再恰当不过的例子了。唐僧这位领导，在我们看来有时无所作为。但我们却忽略了他坚定的信念，无论何时、何地，他从未背弃过自己的初衷，孙悟空本领强大却狂傲不羁，猪八戒好吃懒做却饱含情趣，沙和尚战绩平平却任劳任怨。唐僧最大的功劳就是感化这三位徒弟，将他们团结在一起，最终取得真经。这便是团队精神与领导力的精髓。一位好的领导，不仅要管理好自己，展现好的人格魅力，更要设立完善的管理机制，强化团队沟通，提升凝聚力，达到 1+3>4 的效果。

3. 洞察力

时间就是金钱，效率就是生命。对时间的把控很大程度上影响着公司的发展。把控得好可能会让你赚得盆满钵满，把控得不好可能让你赔得一塌糊涂。这就要求创业者必须具备敏锐的洞察力，走在认知与实践的前沿，与时俱进，善于发现别人忽略的发光点，将一个点不断放大，不断向下延伸，发现一片不为人知的创业蓝海。

4. 沟通力

创业是一个交流沟通的过程，无论是与员工还是与客户，无论是与上游供应商还是与投资人，有效的沟通可以达到事半功倍的效果。有效的沟通能力往往表现在以下两个方面。

（1）有效的口头表达能力

目前，整个社会都处于高速运转的状态。如何在短时间内运用逻辑、抓住重点、直奔主题、言语巧妙而不晦涩地吸引潜在客户，成为很多创业者面临的大问题。感兴趣的创业者可以试着模拟"电梯演讲"。

（2）有效的书面表达能力

在向投资者、顾客推荐创意想法或者某种产品时，光利用口头的语言是不够的。必要的时候，创业者要做出详尽的计划书和产品推荐书，或以高效简洁的 PPT 向别人展现自己的项目，这都会为创业计划增光添彩。

三、创业者的分类

创业者是创业的主体。创业者既可以是单独的个体，也可以是一个团队，他既是新创企业的意志主体，又是行为主体。

（一）按创业内容划分

创业者涉及各行各业，他们的创业目标也有很大的差别。我们按照其创业内容，可以将创业者划分为生产型、管理型、市场型、科技型和金融型五种类型。

1. 生产型创业者

生产型创业者是指通过创办企业推出产品的创业者。这种产品通常科技含量较高，比如雷军意识到智能手机能够打开中国乃至世界手机市场的大门，故毅然创办了小米公司，他充分利用各种资源，建立了一套非常有竞争力的经营模式，很快打开了市场。

2. 管理型创业者

管理型创业者是指综合能力较强的企业家，他们对专业知识不是很精通，但是可以通过各种有效的管理手段带动企业前进。例如钢铁大王卡内基，起初对钢铁生产知之甚少，但他看到钢铁制造业的发展前景，迅速招募人才创业，最终建立了自己的钢铁帝国。

3. 市场型创业者

这类企业家的一个重要特征是关注市场，善于抓住机会。改革开放以来，中国涌现了一大批以市场为导向的企业家。如海尔集团总裁张瑞敏，就是抓住了市场转型时期发展壮大公司的巨大机遇。

4. 科技型创业者

科技型企业家大多与高校、科研机构合作，以高科技为基础创办企业。20 世纪 80 年代以后，为了鼓励科技成果向生产力转化，国家推出了一系列鼓励高校办企业的措施。今天，很多知名的高新技术企业就是科研机构原有的"校办企业"和"附属企业"，如北大方正、清华同方等。2022 年 6 月 15 日，工信部发布通知，开展第四批"专精特新小巨人企业"的评选，目的就是选拔一批在细分行业内技术实力强、产品质量好、服务水平优、发展前景广的中小企业。可见，国家对于科技型企业是大力支持的，社会也需要大量的科技型创业者。

5. 金融型创业者

这些企业家实际上是风险投资者。他们为企业提供的不仅是资金，还有专业知识和管理经验。他们不仅参与企业经营政策的制定，还参与企业营销战略、资本运作甚至人力资源管理。

（二）按创业动机划分

创业者的创业动机多样，有的希望获得丰厚的物质回报，有的希望拥有一份属于自己的事业，有的希望满足自己的兴趣，有的希望获得个人的独立自由。根据创业动机的不同，我们可以将创业者划分为以下四种类型。

1. 物质追求型创业者

生存是人类的第一需要，物质资料是人类赖以生存的基础。在物质资料极度短缺、就业竞争十分激烈的情况下，许多人为了生存而被动地创业。部分创业者如城镇下岗工人、失地农民和毕业后找不到工作的大学生，多数属于这种类型。另外，人们对物质追求的程度有很大差异。许多人满足了基本的生存需要后会有很强的物质追求，甚至有对奢侈生活的追求。物质追求型创业者中，有相当一部分属于这种情况。

2. 事业追求型创业者

马斯洛认为，开创一番事业、实现人生价值是人类最高层次的需要。在任何社会中，总有一些人胸怀大志、志存高远，这类人以追求事业、改造社会、造福人类为己任，以贡献社会为目标来实现自我。当自己的生存有了基本保障之后，这类人就会谋求实现自我。改革开放以来，不少在行政事业单位或国有企业中有较好的工作，同时也有不菲收入的人毅然选择辞职创业，一些科研人员、研究生、大学生放弃安稳的职业，带着自己的专利和梦想创业，他们都属于事业追求型创业者。

3. 尊重满足型创业者

赢得尊重的需要也是人类的基本需要。人们的物质需要获得满足后，就会转向追求精神方面的满足，赢得尊重的需要就属于这种需要。赢得尊重的方式虽然多种多样，最常见的还是获得让人羡慕的社会地位和做出让人佩服的事情。大学生的创业动机调查表明，近30%的同学想创业，是因为在他们看来通过创业致富是最有面子的事，钱来得光明正大，既能够满足自己的生存需要，还能够帮助亲友和社会，从而获得来自亲友和社会的尊重。

4. 独立自主型创业者

每个人由于遗传和环境影响的不同，都具有不同的人格特征。很多创业者特别向往独立和自由，不愿意过受人控制的生活，喜欢自己当家做主。

当然，上述创业者的类型划分，仅仅是从创业内容和创业动机的角度进行的粗略分类，它不可能涵盖所有的创业者。另外，人们的创业动机是十分复杂的，有些人之所以选择创业，既考虑了物质方面的因素，也考虑了精神方面的因素；有些人既有独立自主的需要，也有获得尊重的需要。我们在这里之所以从创业动机这个角度对创业者进行分类，就是强调在创业之前，应该想清楚自己为什么要创业，想清楚自己到底想过一种什么样的生活。因为从某种意义上说，选择了一种工作方式，也意味着选择了一种生活方式，而且大多数选择，都会有利有弊，很难十全十美。例如，选择做独立自主型创业者，虽然可以在一定条件下充分发挥自己的想象力、创造力，可以主宰自己的工作内容和工作节奏，并按照个人意愿追求自身价值，但是，独立创业的难度和风险很大，工作压力和挑战也很大，在企业发展到一定规模之前，创业者会经常加班加点，很难过上正常人的生活。因此，在选择是否创业和以什么方式创业之前，一定要了解清楚各种创业方式对创业者的要求，并想明白自己到底想过一种什么样的生活。

第二节　一个好汉三个帮——创业团队

"创业要找最合适的人，不一定要找最成功的人！"这句话道出了创业团队组建的真谛。当今世界科技迅猛发展，创业者面临着越来越复杂的创业环境，创业已非个人行为。"一个好汉三个帮"，多数创业活动，尤其是高成长性的创业活动的成功，都离不开一支优秀的创业团队。新东方、阿里巴巴等众多企业的实践已证明，团队创业有助于创业成功和新事业的发展。当今世界充斥着丰富的技术、大批的创业者和充裕的风险资本，但却缺乏出色的团队，那么什么是创业团队？如何组建一支优秀的创业团队？创业团队又该如何进行管理呢？

一、创业团队的内涵

（一）创业团队概念

创业团队是指由两个或两个以上具有一定利益关系的、共同承担创建新企业责任的人组成的工作团队。创业团队是团队而不是群体。团队与群体的差别在于，团队成员具有共同的目标，相互之间有利益关系，并且遵守共同的行为准则和规范，而群体则没有这些特征。例如，军队是团队，而火车上的旅客是群体。军队有保卫祖国的共同目标和使命，有严明的纪律，军队中的每个成员都将密切合作，分别担任哨兵、侦察兵、狙击手等不同的角色，某个军事任务成功与否取决于所有成员的共同努力。而同在一列火车上的旅客们，没有共同的目标，相互之间也没有利益关系，更不需要密切合作去完成特定的任务。

创业团队按其成员构成的不同，可以分为狭义的创业团队和广义的创业团队。狭义的创业团队由一群才能互补（分工）、责任共担、愿为共同的创业目标而奋斗，并能做到利益让渡的成员组成，我们称之为"合伙人团队"。合伙人团队是由创业初期投资并参与创业的多个个体组成的，是创业团队的核心部分。合伙人团队的技术、知识、经验、社会关系等资源是新创企业最有价值的资源，是否拥有较高的受教育程度、前期的创业经历、相关的产业经验与广泛的社会关系等是合伙人团队能否取得日后成功的重要因素。广义的创业团队不仅包含狭义的创业团队，也包含创业过程中的一切利益相关者，如风险投资机构、董事会成员和专家顾问等。

（二）创业团队组成要素

创业团队一般需要具备五个重要的组成要素，即目标、人员、定位、权限和计划，我们称之为5P。

1. 目标（purpose）

创业团队应该有一个既定的共同目标，该目标可以为团队成员导航，明确团队的努力方向。没有目标的团队就没有存在的价值。目标在创办企业的管理中以创办企业的远景、战略的形式体现。

2. 人（people）

人是构成创业团队最核心的力量。三个及三个以上的人就形成一个群体，当群体拥有共同奋斗的目标时，就形成了团队。在一个创业团队中，人力资源是所有创业资源中最活跃、最重要的资源。创业团队应充分调动创业者的各种资源和能力，将人力资源进一步转化为人力资本。目标是通过人员来实现的，所以人员的选择是创业中非常重要的部分。不同的人可通过分工共同完成创业团队的目标。在人员选择方面创业团队要考虑人员的能力如何、技能是否互补、人员的经验是否丰富等。

3. 定位（place）

创业团队的定位包含两层含义。一是指创业团队的定位，即创业团队在企业中处于什么位置，由谁选择和决定团队的成员，创业团队最终应对谁负责，创业团队采取什么方式激励下属。二是指个体（创业者）的定位，即作为团队成员在创业团队中扮演什么角色，承担什么责任，是制订计划还是具体实施或评估。这种定位往往决定了创业实体的组织形式是合伙制企业还是公司制企业。

4. 权限（power）

创业团队中领导人的权力大小，与其团队的发展阶段和创业实体所在行业相关。一般来说，创业团队越成熟，领导者所拥有的权力相应越小，在创业团队发展的初期，领导权相对比较集中。高科技实体企业大多实行民主的管理方式。

5. 计划（plan）

创业团队的计划包含两层含义。一是指达成创业目标的一系列具体的行动方案，规定了团队成员在不同阶段的目标及达到目标的具体工作程序；二是指可以保证创业团队的工作进度的计划。只有按计划运作的创业团队，才会一步一步地接近目标，从而最终实现目标。

（三）创业团队的类型

从不同的视角、阶段和结构出发，创业团队可以划分为多种不同的类型。目前，对创业团队比较常用的划分方式，是按照创业团队的构建者来划分，即把创业团队细分成星状创业团队、网状创业团队和虚拟星状创业团队。

1. 星状创业团队

通常团队都以核心人物为主导，在成立这样一个团队以前，一般领导核心先有创业的念头，然后根据自己的设想成立创业团队。所以在组建团队之前，核心人物要慎重考虑团队的组建，并根据自己的想法选择合适的、相应的成员加入团队。这些团队成员可能不熟悉领导核心，但一般都扮演团队支持者的角色。星状创业团队具有如下显著的特征：（1）团队内部的统一性较强，团队中重要人物的活动对其影响力较大。（2）决策过程相对简单，决策效率高。如果权力过度集中于关键人物，将会增加决策失败的风险。（3）当团队其他成员因特定权限与核心人员发生冲突时，团队其他成员通常是被动的。当冲突严重时，团队成员通常会选择离开，这会对团队产生重大影响。

2. 网状创业团队

网状创业团队中的人员往往在创业时就密切相关，例如校友、同学、亲人等。通常，在相互接触与交流的过程中，他们都能够共同接受一些创业思想，在取得一致的创业意见后就一起创业了。但由于组成创业团体后缺乏核心人员，团队也需要按照企业本身的性质来运作，所以在创业初期，这些人员大多充当协作者或合伙人的身份，因此网状创业团队一般存在着如下特征：（1）团队没有明显的核心，整体结构相对松散。（2）在决策时，团队往往采取群体决策方式，经过反复交流与商讨后才能实施，因此团队的决策效率也相对较低。（3）由于团队成员在团队中担任相似的职位，所以在团队中很可能拥有多个领导者。（4）团队成员内部发生冲突后，一般都会以积极的方法处理内部矛盾，而且团队成员也不能贸然离职，但是当团队成员内部的矛盾加剧后，部分团队成员也可能离职，整个团队将会解散。

3. 虚拟星状创业团队

从星状创业团队和网状创业团队发展出来的虚拟星状创业团队基本上属于此二类的中间类型。虽然团队内只有一些核心人员，但核心人员地位的确认是团队人员间相互协调的结果。因此，核心人员从某种意义上说是一个团队的最高领导，而非个人领导者。他们在团队内的活动需要充分考虑团队其他人员的建议，而不是像星状创业团队中的核心人员一样具备权威性。

（四）高效创业团队的特征

建立一个高效的创新团队是实现创业的根本，创新的思想和团队人员的整体素质是达成企业远景的基础。优秀的创新人才日渐形成的、高绩效的、卓越的团队风格会逐渐演变成一种传统，进而形成企业文化。

1. 目标清晰

一个高效的创业团队，其成员对团队的目标有清晰的认识和明确的理解，并认为这个目标非常有价值。此外，目标的价值促使团队成员将个人目标升华为群体目标，并为达到这一目标而坚持不懈地努力。

2. 相互信任

团队中的每位成员都相信其他成员的品行和能力，相信团队及其成员之间相互忠诚，相信每位成员都有能力在团队中胜任他的工作，并且相信团队将会成功。

3. 能力互补

高效的创业团队成员具有能力互补性。团队中，有的成员解决技术难题，有的成员进行团队管理，有的成员则偏向外部资源开拓，团队成员工作领域不重复且优势互补，形成一个完美的创业团队。

4. 沟通良好

在目标一致且团队成员相互信任的基础上，把各自的想法毫无保留地与其他成员进行交流，各抒己见，最后统一意见达成共识，可以大大提高创业团队的工作效率，减少团队成员间的矛盾冲突。

5. 团队协作

团队最大的优势在于协作，优势互补的团队可以通过团队协作有效规避个人短处和利用个人长处。团队协作有利于提高工作效率，从而更快更好地实现团队目标。

（五）创业团队的优劣势分析

1. 创业团队的优势分析

（1）创新性强

创业团队的主要任务是创办自己的企业，而非完成既定目标。它往往意味着开发新产品，开辟新领域，引进全新的经营理念，形成全新的管理方式。这项开创性的工作，要求创业团队是一个具有强大创新理念和技能的团队，并且相比于遵守规章纪律，更注重保持创新氛围。

（2）组织结构合理

在创业过程中，创业团队的成员构成和组织结构往往会发生变化。在短期内，当团队资源受损，风险资金、技术和人员等创新资源缺乏时，团队变化往往会加大创业风险。不过，从长期上来看，团队变化也是必然的。在变化过程中，可以形成结构更合理、创新力更强的团队。

（3）创业团队平等

创业团队成员往往拥有高度的平等性，但这并不代表不同资源和资本的公平或者绝对公正，而是出于对团队中的各个人员对团队贡献的客观判断的公正。

（4）能力结构全面

创业团队面对着不稳定的市场发展情况。在这种环境中，机会与风险将会在各个方面出现。这就要求团队成员必须做好足够的准备，对机遇高度敏锐，创业团队的成员之间应该优势互补。例如，科技型中小企业的创业者在所有科技领域中都需要有尽可能丰富的经历。

（5）相互协作紧密

创业团队的机遇与风险可以来源于任何方面、任何时间，所以创业团队成员通常没有必要事先完全负担责任。此外，团队的力量要远大于一个人的力量，团队不仅强调个人的工作业绩，更强调团队的整体业绩。

（6）团队凝聚力强

只有创业成功，才能最大限度地提升企业员工的自身价值，达成目标，这是十分关键的。同时，团队成员整体素质较好、交流密切、协作紧密、氛围浓郁，就为创业团队提供了强大的向心力，使团队成员产生强烈的认同感，并重点表现在团队成员的专业品质以及对事业的全面承诺上。

2. 创业团队的劣势分析

（1）强调民主，"领导"缺位

在中国特殊的文化背景下，如果没有"领导"来凝聚团队，团队可能就会变成一盘散沙，失去战斗力。然而，在许多创业团队中，民主往往被过度强调，因此很难有人来召集团队中的所有成员，即团队的"精神人格"或"关键人格"缺失。

创业团队的主要成员以前通常是朋友或工作伙伴。通过创建创业团队，团队中的每个成员在各个方面都应该平等。因此，他们采取了许多民主措施，如平等拥有股份、平等发工资、平等使用办公空间和交通工具，以及代表他们平等地位的其他措施。然而，这导致了其他问题：谁对公司负责？谁做出最终决定？如何解决某些分歧？虽然初创公司成员之间的分工应该适当重叠，决策过程应该由所有人集体讨论，但过于自由的民主氛围会削弱治理效果，使团队变得软弱。即使合作伙伴签署了严格的协议，也往往无法解决彼此之间的冲突。虽然创业团队需要民主决策和集体努力，但他们也需要领导人。领导人缺位往往是许多企业迅速倒闭的重要原因。

值得注意的是，这里提到的"领导"不一定是创业活动的最初发起人或新企业的最大股东，而是团队的精神领袖。这种领导人必须在商业实践中成长起来。如果一个人想成为一个真正的团队领导人，他就必须依靠他的创业精神，他的人品、性格、能力和勤奋，以及他对其他成员的吸引力。

（2）盲目自信，风险意识不够

盲目自信，风险意识不够是创业团队的明显劣势之一。比较常见的是，创业团队盲目自信，十分乐观，认为自己完美无缺，甚至对一个产品的构思过分依赖。创业团队刚开始创业之所以取得一定成效，往往是因创业团队在自信、乐观基础上做出的大胆决策所导致的，最初的成功往往来自于敢于奋斗，吃别人不能吃的苦，做别人不敢做的事。这种情况往往会给创业团队带来误导，尤其是在创业过程中。当创业者处于顺利状态时，他们往往会做出错误的判断，甚至是致命的决策。

创业团队由于商业经验不足，可能会过于相信他人。诚实、正直对于企业的长远发展固然很重要，但商场如战场，现实中也存在不少掠夺、偷盗、敲诈和欺骗的现象，盲目的信任同样是危险的。

（3）磨合不够，危机四伏

创业的困难在创业实践中逐渐会被认识到。在创业过程中，团队的个别成员，即使是刚开始有信心的人，也会产生畏难情绪和恐惧感。有效的创业团队中至少有一个战略经理、计划经理、技术经理、研发经理，还要有人扮演生产总监等角色。在创业的初期，团队成员在性格上和处理问题的方法上的差异很容易被掩盖，但随着时间的推移，这必然会导致业务问题。对于特定创业团队来说，这些问题在创业时可能是明确的、一致的，但是也可能是不明确的、不一致的。在模棱两可或不一致的情况下，有些成员可能会发现和最初的想法不一致，从而导致团队的解体。

（4）参差不齐，苦乐不均衡

在团队中，一些成员无法满足企业业务增长的要求。随着企业规模的扩大，一些成员拥有的技术和能力有限，已无法适应企业管理更严格、更规范的要求。

每个人都有其独特的工作方式。团队为不同工作风格的员工提供发展的空间，但为了避免冲突，必须设定最低要求。虽然通过工作轮换可以满足成员对不同类型工作的偏好，但是工作的质量和速度是团队所有成员必须遵守的标准，因此工作标准必须统一和标准化，同等的绩效标准可以促进团队成员之间的相互尊重。

若刚开始团队没有明确的发展计划和利润分配计划，随着企业的发展和利润的增加，利润分配纠纷就会导致企业的解体，这在民营企业中是很常见的。很多企业要么没有考虑到这一点，要么在发展的初期制定出具体的价值共享计划，但随着业务的扩大，他们便开始争论利润分配问题。

二、创业团队的组建

（一）创业团队的组建原则

组建创业团队，首先应考虑创业计划实施过程中所需人员应具备的基本知识与能力，再按照实际需要组织能够承担各种职责的团队成员。组建一个新的创业团队，通常要遵守以下原则：树立正确的企业观念，明确清晰的企业发展目标，建立责任和权利相结合的企业管理体系。

1. 人数合理

一般而言，创业团队的人数控制在 3~5 人为宜。刚开始创业的时候，往往会碰到很多意料不到的问题，人若少了，团队的群体效应就发挥不出来，人若多了，团队成员思想就不容易统一。人数合理，就便于领导与任务分工协调的有效开展，保证各项工作完成的速度和质量，提高办事效率，占据有利的市场地位。

2. 技能互补

创业团队所需的基础人员包括：管理人员，负责协调工作和紧急情况处理等工作；营销人员，负责创业计划书的编写、修改和市场调查等工作；技术人员，负责创业项目研发、技术支持和专业服务等工作。

3. 目标统一

在团队组建的进程中，目标具有无可替代的价值。首先，目标是一个很好的激励因素。它可以让员工看到自己的发展前景，也可以激发他们去战胜困难。其次，目标是一种有效的协调要素。《孙子兵法》曰："上下同欲者胜。"团队中各种角色的个性、能力有所不同，只有真正团结和有凝聚力的团队才能取得最终成功。

（二）创业团队的人员选择

创业团队必须在创业前慎重选择成员。

1. 加入目的

团队成员加入团队的目的对他们在组织内的行为起着决定性的作用，这取决于他们的需求。在组建团队时，要选择那些有志于创业、注重企业未来发展、目标远大的伙伴。

2. 知识结构

创业团队成员的知识结构越合理，团队就越有可能成功。一个完全依靠技术人员的初创企业可能会发现自己处于技术第一、产品第二的境地，产品的开发、生产和市场营销可能会出现矛盾。仅仅依靠营销专家的初创企业可能会因为缺乏对技术的理解和敏感度而落入下风。 因此，企业在选择人员时必须充分注意其知识结构，并要考虑技术发展、商业管理和市场营销等各学科人员的匹配。

3. 兴趣爱好

创业团队在刚形成时，往往会被美好的创业前景所吸引，而忽略成员的个性特征。创业刚开始，每个人都充满热情，团队成员之间的个性和态度的差异很容易被忽略。一旦企业发展到一定阶段，个人的分歧就会加剧，从而可能导致团队解散。所以，在选择创业伙伴时应该仔细判断，慎重选择。

4. 价值观念

企业文化的构成是由创业团队成员的价值观和道德品质决定的。企业文化的来源是创始人自己的价值观。在组建团队之前，其成员必须相互沟通并充分了解对方。只有具有相同价值观的人组成一个团队一起工作，企业才能更好地发展。

（三）创业团队组建的程序

虽然创业者的创业过程有一定差异性，但创业团队的组建程序却有较大的相似性。组建程序一般包括以下步骤。

1. 明确创业目标与愿景

创业团队的总体目标是从头开始建立企业，完成营销、规划、组织、运营和管理等技术方面的工作并使之成熟。团队一旦确定了总体目标，就可将其分解为一系列可实现的子目标，以指导团队实现最终目标。在此基础上，还需要团队成员同甘共苦，只有共同的愿景才能驱使所有成员产生共鸣，形成强大的凝聚力来共同面对创业过程中的各种挑战。

2. 撰写创业计划书

创业计划是将企业的目标分解为具体的步骤，并将其作为一个整体来考虑的计划。创业计划确定了在创业的各个阶段要采取的步骤，正是通过这些步骤的逐步实施，最终才能实现创业的目标。通过撰写创业计划书，创业者可以进一步具体化自己的想法，并将其作为后续寻找合作伙伴的基础。

3. 团队成员招募

招募合适的团队成员是创业团队组建最关键的一步。团队成员首先应有相同的价值观，没有相同的价值观，很难保证一个团队能顺利渡过创业初期的艰难坎坷。其次，创业团队的成员应该在一定程度上相互补充，要考虑到他们的能力、素质和技能等方面。这种互补性增强了团队成员之间的合作，确保了团队的力量。此外，适当的团队规模是团队有效运作的一个重要前提条件。对于初创期的中小企业，创业团队的规模最好控制在 3~5 人之间，创业者可以通过媒体广告、亲戚朋友的推荐、各种投资洽谈会和互联网来寻找创业团队的成员。目前招募团队成员的主要形式有亲友组合型、同学组合型、志趣相投型、志同道合型。

4. 职权划分

为了使团队成员能够顺利地实施创业计划并开展工作，必须事先确定团队内部的责任分工。创业团队内部的责任分工是指根据创业计划实施的需要和各自的职责来确定每个团队成员所享有的权限。团队成员之间的职责分工必须明确，以避免职责重叠和交叉，工作不到位的情况发生。由于创业过程是连续的，创业环境是动态的、复杂的，可能会经常出现新的问题，团队成员也可能发生变化，所以团队成员的职责应根据需要进行动态调整。

5. 构建创业团队制度体系，建立良好激励约束机制

企业团队制度反映了企业对团队成员的控制和激励，主要是团队的不同纪律机制和奖励制度。一方面，团队成员受到一系列纪律机制的约束（包括纪律规则、组织规则、财务规则、保密规则等），以防止自己的行为妨碍团队的发展。另一方面，为了使团队更好地发挥作用，需要建立行之有效的激励机制（主要包括收益分享、奖励、表彰和激励），以最大限度地提高团队成员的热情和作用，并明确企业目标实现后个人的收益。为了实现有效的激励，首先要明确界定团队成员的利益模式。特别是在与团队成员利益密切相关的问题上，如公平、奖励和制裁等方面，应明确规定。值得注意的是，创业团队的体制结构应该在一个标准化的文件中定义，以避免不必要的混乱。

6. 团队调整

一个真正完美的创业团队在创业最开始时是无法建立起来的，通常是在企业走上正轨一段时间后，随着企业的不断完善发展而形成的。随着企业的运行，其在人员匹配、制度设计、权限划分等方面的不足之处也会逐渐显现出来，而这时就需要对团队进行调整。问题的暴露往往不是突发性的，而是一个循序渐进的过程，所以团队的协调也应该是一个动态和持续的过程。经过一番深入的探索和思考，团队将重新审视以前的任务，以确保它们能够符合实际的要求，同时也能够有效地解决可能存在的问题。在团队的组建与融合过程中，成员间建立良好的沟通与协作关系至关重要，创业者可以此来增强团队的凝聚力，增强团队的活力，从而激发出更多的创造力。

三、创业团队的管理

（一）股权分配

股权一般是指股东因出资而享有的权利，具体指股东从公司获得经济利益和参与公司管理的权利。创业团队成立后，面临的关键问题是决策成员之间的分工和股权分配方案。分工是对成员工作内容和职责的界定，股权分配是对创业利益分配的约定。劳动分工在短期内有助于维持创业过程的有序。股权分配则有助于长期维持团队的稳定和企业的发展。

在团队成员之间进行股权分配，可以将团队利益和个人利益、团队目标和个人目标关联起来，从而激发每个成员的工作积极性，在实现团队目标和个人目标的过程中，达到团队利益和个人利益的长期最大化。

创业者在进行股权分配时应遵循三个重要原则。

第一，重视契约精神。在最开始创业的时候就要以公司章程的形式把股权分配方案确定下来，并以契约形式明确创业团队成员的利益分配机制，从而保证创业团队的长期稳定。

第二，贡献决定权利的原则。在现实中，首先可以依据出资额来进行股权分配，其次对于没有注入资金但持有关键技术的团队成员，则需要通过考虑技术的商业价值来确定股权的份额。

第三，控制权与决策权统一原则。股权分配本质上是对公司控制权的分配方案。在创业初期，控制权和决策权的统一至关重要，公司持股份最多的成员不拥有公司的控制权会非常危险，这是由于该成员更关注新企业的发展，更容易挑剔其他成员的决策错误，甚至会挑战决策者的决策权威，进而会引发团队矛盾和冲突。

（二）内部冲突管理

团队内部冲突是指团队内部在目标、利益、认识等方面互不相容或相互排斥。冲突可能发生在任务、流程或关系上。任务冲突主要是团队成员对工作目标和内容的分歧，也就是"需要做什么"和"为什么要做"的分歧。过程冲突主要是团队成员之间关于"如何"完成任务的差异，即手段和方法的差异。除此之外，关系冲突或情感冲突更情绪化，以敌意和愤怒为主要特征。总的来说，任务冲突和过程冲突是建设性的，有助于团队成员激发和分享不同的观点，从而使创业团队做出更好的决策。然而，任务冲突和过程冲突只对开放与合作的团队绩效具有积极影响，否则会转变为关系冲突或情感冲突。关系冲突会带来负面影响，情感冲突会产生焦虑和敌意，最终可能导致创业团队决策失效甚至团队决裂。

如果冲突水平过高，团队成员之间彼此厌恶，这时氛围的特征就是"战争"。如果冲突水平太低，团队成员就会缺乏工作热情或对自己的任务不感兴趣，到最后可能无法实现团队目标。因此，团队的目标不是最小化冲突或最大化一致性，而是保持建设性的冲突水平，以满足多样化和创造性解决问题的需求。

因此，在决策时，团队领导者首先应该鼓励正面冲突，让团队成员感受到通过知识共享实现了创业成功，并获得了相应的收益和价值。创业者在制定激励方案时，应注意以下几个方面。

（1）差异化。通常，不同的团队成员对业务的贡献不同，因此团队应该使用合理的薪酬体系反映这种差异。

（2）关注业绩。薪酬需要与绩效挂钩，绩效是指团队成员在企业生存初期的整个过程中的绩效，而不是某一阶段的绩效。

（3）灵活性。团队成员在某个时段的贡献量，随着时间的推移会发生变化，业绩也会和预期不符。因此，灵活的薪资报酬、年金补助以及提取一定份额的股票以备日后调整等机制，有助于团队成员产生一种公平感。

创业团队内部冲突超出一定范围后，会给企业团队带来负面影响。为了将冲突管理在可控有利的范围内，创业者在管理团队时应遵循以下原则。

（1）构建合作型创业团队。一个团队内部有意见分歧是十分常见的，而在这种情况下，合作型创业团队往往会在意见分歧中寻求合作的可能性，并通过积极的和建设性的冲突做出最佳决策。

（2）强化整体弱化个体。强调团队整体的利益和成就，不专门突出个人，在获得团队利益的前提下，根据个人表现分配个人利益。这不仅有助于解决团队成员之间的纠纷，而且可以用积极的冲突来促进创业团队的发展。

（3）避免团队内部不适当的竞争。在团队中，竞争有助于促进共同进步，因此应该将团队的整体利益放在首位，并尽量减少不必要的矛盾。

（4）政策制定者需要果断。决策者要广泛听取团队成员的意见，但为避免"议而不决"，在适当的时候要做出决定。

（5）及时调整团队组成。如果冲突超过一定范围，创业者要做出理性判断，通过成员调整来保持团队的稳定和发展。完善的团队结构的建立不是一蹴而就的，需要在实践中不断调整和磨合。

对于创业团队内部的冲突，必须要有科学的激励机制，在正常认知范围内激发冲突，并有有效的管理机制，避免关系冲突和情感冲突。创业者要保持开放的心态，通过有效的组织和管理，营造尊重、信任、公平、正义的团队氛围，并不断加强团队管理，以激励和管理机制来促进团队成员之间的密切合作。

（三）文化建设

团队文化是指团队成员认同和遵循的概念和原则，包括基本纪律、愿景和使命、核心价值观、方法论、管理原则等。创业团队文化是团队的软实力，是团队战斗力的源泉。因此，在创业团队成立之初就应该建立自己的团队文化。好的团队文化，对外可以让外界倾心接纳，对内可以将团队成员凝聚在一起，为了共同的使命和目标努力奋斗。

没有好的文化的团队是走不远的。一个创业团队若想超越自我，生存得更长久，就要找到可以传承下去的生命基因——团队文化。创业企业的成员可以新老交替，创业企业的产品可以更新换代，但在创业企业中可以继承、发扬和流传下来的是创业团队的文化。

一个优秀的创业团队应具备下列三种关键的团队文化。

第一，勇气文化。创业过程中会遇到很多的困难，团队成员要有知难而上的勇气，敢于向未知领域探索，敢于直面困难，并能勇敢地面对失败。

第二，学习文化。团队成员在创业过程中需要不断地学习，自我学习、相互学习，努力吸收一切对创业有利的知识、技能和经验。只有善于学习的团队才会最终走向成功。

第三，忠诚文化。忠诚是相互的，它既是成员对团队的向心力，也是团队对成员的凝聚力。团队成员只有忠诚于团队，才会为团队的发展贡献全部的才智。也只有通过团队的成功个人实现价值并获得利益后，成员才会更忠诚于团队。因此，创业者应制定合理的薪酬制度，打造实现个人价值的平台，建设具有向心力的团队文化，用以激励团队成员忠诚于团队。

（四）创业团队激励

创业过程中团队成员往往会出现分裂，管理上的一点松懈可能就会导致团队绩效的显著下降。没有有效的激励措施，团队就无法生存。有效的激励措施是团队士气长久的关键。有效的激励措施是给予团队成员合理的福利和补偿，包括物质激励和精神激励。

哈佛大学教授威廉·詹姆斯的研究表明，如果没有科学有效的激励，人们只能实现自身潜能的 20%~30%，而科学有效的激励可以使成员额外实现自身潜能的 70%~80%。科学的激励工作需要奖惩并举，既要鼓励满足团队期望的行为，又要惩罚不满足团队期望的行为。激励的核心是奖惩分明，一视同仁，否则会适得其反。激励机制必须是"按业绩奖励"，必须是公平公正的。在适当的激励下，可以形成积极向上的氛围，从而有效激发团队成员的创新意识和开拓精神，促进创业团队的发展。创业团队管理者应该多激励少惩罚，尤其对和团队绩效相关的事情更应该以激励为主。惩罚主要用于与制度有关的事项。对违反制度的行为，一律以惩罚为主。激励的最终目的是实现团队的目标，而团队成员也可以实现自己的个人目标，即实现团队目标与个人目标的客观统一。

1. 创业团队激励误区

（1）只讲物质激励忽视精神激励

物质激励虽然简单、直接、有效，但是一切向钱看的创业团队是没有凝聚力和长久战斗力的。只有确立了共同愿景和价值观的创业团队，物质激励才有意义，才是锦上添花。值得注意的是，除了物质利益，团队成员还需要团队和外界的认可，也就是说，团队成员的精神利益和精神激励是一项深入而长远的工作，是管理者用思想教育的手段，提高团队的精神和士气，激发团队成员工作积极性的有效途径。

（2）无差别激励

无差别激励有两种表现。一是不管团队成员贡献大小，一律均分收益的"大锅饭"激励制度。这种激励制度会损害团队成员奋斗的积极性，破坏团队的凝聚力，影响团队的发展。有效的激励制度，应该是根据团队成员贡献量的大小，使其获得与付出相对应的收益，并对未来的收益充满期待。二是不管是谁，不管他的真正需求和期望是什么，同等贡献一律给予相同的奖励。每个成员的需求不同，如果奖励和他心中的期望不符，那么激励效果会大打折扣。

（3）只有奖励没有惩罚

在创业团队管理体系中，不能只有奖励没有惩罚。虽然现在提倡教育为主，惩罚为辅，但不敢惩罚是绝对错误的。如果团队成员犯错不需要付出代价，那么其他成员也不会在意犯错，进而会损害创业团队的整体利益。

2. 创业团队激励原则

（1）公平

公平是创业团队成员管理的重要原则。任何不公平的待遇都会影响团队成员的工作效率和工作情绪，并影响激励效果。如果团队成员达到相同的业绩水平，那么他们必须得到相同级别的奖励。同样，如果团队成员犯同样的错误，那么他们必须受到相同级别的惩罚。如果团队领导不能做到这一点，成员宁愿不要奖励或惩罚。创业团队领导一定要以一种公平的心态来处理团队成员问题，对事不对人，在工作中一视同仁，不要让领导个人对成员的喜好影响对事情的处理，不能有任何不公平的言语和行为。

（2）及时

奖惩及时性比奖惩强度更重要，奖惩周期应尽可能缩短。在创业团队成员表现良好时，应给予及时奖励，越及时越好，等待时间越长，奖励效果越有可能出现折扣。

（3）灵活

不同的创业团队成员有不同的需求，因此，同一激励策略对不同成员的激励效果是不同的。即使同一个人在不同的时间也会有不同的需求。激励效果取决于团队成员的内心满足程度，故激励要因人而异。对于期望晋升且具备能力的成员，可以高职位来激励；对于期望高物质回报的成员，可以高薪和奖金来激励。当然，不同激励策略的前提是公平，即对取得相同贡献的团队成员，激励策略可以不同，但奖励等级必须相同。

（4）差异

激励的差异化是指根据贡献程度的不同，实施奖励的程度也不相同。贡献大则奖励大，贡献小则奖励也小，没有贡献就没有奖励。只有这样，才能真正调动团队成员的积极性，为获得更大的收益而努力奋斗。

（5）适度

奖惩要适度，不适当的奖惩会影响激励效果，从而增加激励成本。太多的奖励会使被奖励的人自满，失去进一步提高自己的欲望；太少的奖励不会产生激励效果，甚至会使团队成员感到不受重视，从而失去工作热情。如果惩罚过重，团队成员就会感到不公平、受伤害，甚至会失去创业者的身份；如果惩罚过轻，团队成员不会意识到错误的严重性，起不到警告作用。要注意的是，适度不是漠不关心，也不是重奖重罚，而是激励要与工作绩效相对应。

3. 创业团队激励方法

（1）团队文化激励

团队文化是团队凝聚力的固化剂，创业型团队凝聚力的培养离不开创业型团队文化的建设。团队文化通过创造相互尊重和信任的积极文化氛围，可协调团队内外的人际关系；通过调动创业团队成员的积极性、主动性和创造性，可增强团队的凝聚力和竞争力，使团队成员和整个团队同呼吸共命运，连接领导者、团队成员和整个团队。

（2）经济利益激励

团队成员必须分享团队成功的果实，随着创业企业的发展，团队成员的收入必须同步增长。经济利益激励包括奖金、股权和期权等，对团队成员的经济激励要两者结合。奖金是一种短期激励方式，其作用是对与生产或者工作直接相关的超额劳动给予报酬，或对创业企业发展做出的贡献予以奖励，它具有很强的针对性和灵活性，可以及时弥补团队成员工资的不足，具有较强的激励作用。然而，单纯利用奖金激励，创业企业负担会过重，无法实现长期激励的目的。创业企业产权普遍清晰，机制灵活，因此对创业团队成员而言，期权激励可以作为经济激励的重要方式来实施。未来期权的财富放大效应也是对渴望在创业企业长期成长的团队成员努力工作的更好回报。把以奖金为代表的短期经济激励与以期权为代表的长期经济激励结合起来，可体现出人力资源的价值。

（3）权力与职位激励

一般来说，创业者具有强烈的创业精神，而创业团队通常是一个高知识的群体。他们不仅追求经济利益和创业回报，而且希望获得事业成功的成就感和对权力和地位的满足感。在成就、动机方面，大卫·麦克利兰认为，当人们的基本需求得到满足时，他们需要权力、友谊和成就。对于那些需要成就和权力的人来说，来自成就和权力的激励远远超过了物质激励的作用。

但是，并不是所有的团队成员都具备管理才能，也不是所有的团队成员都有管理、控制他人的欲望，因此，在具体实施权力与职位激励时，一定要确定该团队成员是否有这种需要和能力。否则，这种激励方法的后果往往是多了一个平庸的管理者，还有可能少了一个有才华的技术专家。

第五章
创业机会的识别

第一节　机会是啥，了解它——创业机会概述

历经四十多年的改革开放，我国取得了举世瞩目的成就。中国已从计划经济转变为有中国特色的社会主义市场经济，市场化运作日趋成熟。改革开放以来，我国的创业土壤肥沃了，创业机会也增加了不少。如何识别创业机会，已成为人们经常谈论的话题。显而易见的是，良好的外部环境是创业者识别创业机会的前提和基础。随之而来的问题是，如何敏锐地抓住创业机会？察觉到创业机会的前提条件是什么？

创业机会识别和创业活动互为两翼，创业机会识别助力创业活动的腾飞。创业者们可能会思考关于创业机会的话题：创业机会因何存在？创业机会何时存在？创业机会如何存在？人们为什么能敏锐地发现创业机会并成功利用创业机会？人们在什么时机发现了创业机会？人们如何利用这些机会？机会识别要进行哪些可行性论证？

创业因机会而存在。来自纽约大学的柯兹纳教授认为机会就是不明确的市场需求或未被充分使用的资源或能力。机会具有很强的时效性，在特定的时间，若没有抓住机会，机会就失

去作用。大多数机会可利用的时间很短，因而机会时效性很强。若能及时抓住它，就可能取得成功，一旦失去它，就可能追悔莫及。但是，在创业的过程中时时刻刻存在着机会。失去了一个机会，其他机会就会产生。因此创业者要时时刻刻做好准备，努力发现和挖掘机会，在机会来临时抓住它。

机会的识别源自创新。创业者们经常说"好的创意是成功的一半"，先有创意，再谈机会。创新是发现机会的源头，而创意是指具有创业指向，同时具有创新性的想法。在创意没有产生之前，机会的存在与否意义并不大。通过研究创业机会从哪里来，我们能更好地把握创业机会。

有两个人去闯荡东京，发现东京街上到处卖水。一个感言，东京这个鬼地方，连水都要买。另一个人感言，东京这个地方真好，连水都可以卖钱。

通过阅读这个小故事，你怎样看待故事中的两个人？这对你理解创业机会有什么启发？

一、创业机会的内涵

奥地利著名经济学家约瑟夫·熊彼得是最早研究创业机会问题的专家。他认为，创业机会是通过把资源创造性结合起来，以便迎合市场的某种需求，从而能获得创造价值的可能性。随着政治、经济、科技等外部环境的剧烈变化，全新的市场空白会出现，增量市场也会出现，人们寻找新的创业机会的概率就会提高。美国著名创业学学者杰弗里·蒂蒙斯从为客户增值的角度考虑，发现吸引力、持久性和适时性是创业机会的特征，创业机会是为客户提供具有价值的服务或者产品。

著名学者谢恩和维卡塔拉曼将创业机会定义为：创业机会实际上是新产品、新服务、新材料，甚至是一种新的组织形式，它能够被引入生产并且以高于成本的方式实现销售。

我国创业领域著名学者邓学军认为"创业机会是一种满足未满足的有效需求的可能性"。这种需求需要具备的要素为：（1）人们期望的成本价格必须高于这个需求的成本；（2）在人们满足这个需求后能够获取合理的回报。左凌烨等人给创业机会的定义是，创业机会是创业者可以利用的商业机会。这个创业机会的特征包括吸引力、适时性和持久性，而且机会提供的某种形式的服务或者某方面用途的产品能给我们带来一定的价值。

从上可以看出，创业机会是学术界探讨的重点内容，国内外的大量学者对创业机会的定义都做了界定，但是众说纷纭，未能达成统一观点。结合各位学者的观点，本书认为创业机会是创业过程中的关键要素，它是一个不断被发现的动态过程，通过对各种资源进行整合，以满足消费者对产品或服务的需求为目标，结合各种外部环境因素，从而创造市场价值的可能性。

二、创业机会的类型与特征

机会既可以是内部主观创造的，也可以是外部客观存在的。创业机会不同，创业者的创业结果也有差异。

（一）创业机会的类型

根据不同的分类标准，创业机会可以分为不同的类型。

1. 来源型创业机会

根据顾客需求、环境变化、市场竞争等创业机会来源的不同，创业机会可以分为以下三种类型。

一是问题型创业机会，即以客户需求为导向，致力于解决"尚未解决"的问题而产生的创业机会。例如物流问题、产品质量问题、服务质量问题等，在解决顾客问题的过程中，可能存在着大量的创业机会。

二是趋势型创业机会，即根据环境变化，对顾客的需求进行预测，进而得到顾客未来需求的变化情况，由此产生的创业机会。在重要领域变革或时代变迁时期，一般容易产生这类创业机会。例如经济变革、政治变革、社会制度变化等，一旦被人们认可，所产生的创业机会将是持久的、利益也是巨大的。

三是组合型创业机会，其最终目的是满足顾客需求，创造新价值。组合型创业机会受到环境变化、顾客需求、创新变革、市场竞争等多方面的影响，采用多种新技术、新手段，这种机会往往能实现 1+1>2 的效果，带来创业上的巨大成功。

2. 目的型创业机会

手段—目理论由心理学家米尔顿·罗克奇提出，阐述了个人价值影响个人行为的方法。根据手段—目的理论中两者关系的明确程度，创业机会可以分为以下三种类型。

一是识别型创业机会，识别型创业机会的前提条件是市场中的手段—目的链相当明显，即创业者可直接通过手段—目的链轻松识别出创业机会。

二是发现型创业机会，发现型创业机会的前提条件是任何一方无论手段或者目的都处于未知状态，需要创业者自己识别、发掘创业机会。

三是创造型创业机会，即机会完全需要创业者自己创造，因为目的和手段都处于一种模糊的状态。在这种背景下，创业者需要做一名高瞻远瞩的水手，比他人更具有市场洞察力，他才更有可能发现机会，创造市场价值。

在商业活动中，这三类创业机会可能是同时存在的。一般来说，发现型创业机会是目前大多数创业研究的对象，因为发现型创业机会最为常见。其次是识别型创业机会，这类机会的创新程度不高，处于供需不均衡的市场状态中，主要依靠较多的市场资源进入市场，不需要复杂的机会识别过程。创造型创业机会相对来说就比较困难，需要创业者具备创造性、资源整合能力与敏锐的洞察力，同时还必须承担巨大的风险。

只有弄清创业机会的类型，才能提高人们对创业机会的识别能力，才能辨别和选择适合自己或更具有价值创造力的创业机会。

（二）创业机会的特征

创业机会的特征是反映作为具有商业投资价值的潜在机会的标志。那些能够描述创业机会的独特标志，才是创业者真正应该把握的创业机会本质。创业机会的特征是影响创业者是否对之进行评价的基本因素。

1. 吸引力

吸引力是指能为消费者带来需求的满足，使消费者愿意支付相应费用来购买产品。它表示一种顾客渴望的未来状态，主要是针对潜在的顾客而言的。

2. 必然性和偶然性

任何事物都具有必然性和偶然性，创业机会亦是如此。一方面，创业机会具有必然性，必然性的特点决定了创业机会是客观存在的，不论创业者是否能识别出来，它都存在于客观环境中；另一方面，创业机会又具有偶然性，即创业机会并不是时时刻刻都暴露在市场环境中，发现创业机会具有一定的偶然性，关键是创业者要从必然中找到偶然，能预测和寻找创业机会。

3. 持续性

持续性是指创业机会会持续一定的时间，从而使创业者有可能去发现、评价和开发利用。谢恩和维卡塔拉曼认为，持续性是指识别具有潜在价值的创业机会，能够潜在地产生可持续利润的机会，以及开发该机会的过程中所包含的持续性活动。

4. 时效性

创业机会具有时效性。蒂蒙斯认为，创业机会必须在机会窗口存续期内加以开发利用。如果不能及时捕捉，就会丧失机会。

5. 不确定性

创业机会具有不确定性。在不确定的市场环境下，创业机会也具有不确定性。一方面，创业机会会应运而生；另一方面，创业机会又会随着环境的变化而变化、减弱或消失，甚至将优势转变为威胁。因此，创业机会利用的结果是不可预测的。

6. 均等性和差异性

创业机会在一定程度上对于同类新企业是均等的，但不同新企业对同一创业机会的敏感程度不同，充分利用同一创业机会获得益处的可能性和大小也不同。此外，任何事物都具有两面性，同一创业机会对某类企业是机会，而对于其他企业可能是威胁。

7. 价值性

任何创业机会都应该具有经济价值，即所生产的产品或服务能给客户带来价值，满足其需求。如果一项产品或服务不能给顾客带来价值，那么它一定不是好的创业机会。

三、创业机会的来源

机会起源于改变。变化是创业机会的重要来源。没有变化，就没有创业机会。

（一）市场变革产生的机会

创业机会大都产生于不断变化的市场环境中，环境发生变化，市场需求、市场结构必然发生变化。这种变化主要来自于产业结构的变动、消费结构的升级、城市化的加速、消费观念与价值观的变化等方面。

1. 环境变化

环境（宏观和微观）变化是创业机会的重要来源。在这个"唯一能够确定的就是不确定性"的复杂动态商业环境中，蕴藏着"变化"的机会。环境包括政策环境和资源环境，例如产业结构调整、技术变革、土地制约、生态制约以及能源供应紧缺引发的变化等。

2. 消费升级

企业存在的根本目的是为顾客创造价值，成功的创业者总能敏锐地感知社会大众的需求变化，并能够从中捕捉到市场机会。一方面是因为消费潮流变化出现的市场机会；另一方面，根据消费者的心理，通过产品和服务的创新，引导需求并满足需求，可以创造一个全新的市场。顾客想要解决的问题、生活中的"痛点"、新的消费升级，这些都将催生新的创业机会。

3. 产业与企业变革

国有企业的战略重组、传统产业+互联网、互联网+平台企业对产业生态的重构，以及企业管理变革，都会产生很多创业机会。就当前中国经济现状来看，随着改革深入，民营中小企业逐步升级，实行战略转型升级，与"工业4.0"和"中国制造2025"相关的产业领域将有更多创业机会；同时，在互联网和全球化的时代，成功整合全球产业智慧的企业将会更有发展力。

4. 竞争催生

在市场竞争过程中，创业者要充分分析竞争者的优势和劣势，针对竞争对手的不足，充分发挥自身的优势，提供直击市场痛点的产品或者服务，做到让客户满意，这样就找到了在市场竞争中生存的创业机会。另外，如果采取逆向思维，突破市场限制，这可能也是一种商业机会。

（二）新技术、新产品与新模式产生的机会

技术变革创造了新产品、新服务和新业态，更好地满足了顾客需求，同时也带来了新的创业机会。

1. 新产品与新技术应用

新技术的产生改变了人们的生活方式和生产方式，进而产生了新的创业机会。技术革命的变革性能够更好地满足客户需求，在这一过程中，会产生更多创业机会。一方面，创新型变革者凭借自身的创新能力和积累的资源、技术优势，敏锐地抓住创业机会；另一方面，即使不是变革者，只要善于收集数据，分析数据，同样能够根据数据中所提供的创业机会使自己受益。

2. 新商业模式运用

新工业革命、新技术革命的影响、互联网等新一代信息技术的应用，涌现了"四新经济"，即"新技术、新产业、新业态、新模式"的经济形态。在新一代信息技术革命、新工业革命以及制造业与服务业融合发展的背景下，以市场需求为根本导向，以技术创新、应用创新、商业模式创新为内核的相互融合的新型经济形态以及对资源的整合，将促使大量的创业机会出现。

（三）政策调整产生的机会

在任何一个国家，政治与经济都是相辅相成的。政治环境的变化，给人们带来的不只是挑战，更多的是能改变命运的机遇。改革开放初期，在当时拥有8亿农民的中国农村，农民终于可以从大锅饭中跳出来，实行新的家庭

联产承包责任制，这大大提高了农民的生产积极性，解放了农民的生产力，并由此拉开了历史性的改革序幕。此时，农民创业者借着改革开放的东风，充分利用国家政策的变化，从中识别出了创业机会。可见，政策的改变势必打破原有的经济格局，令人们的思想也随之发生变化。正是这种破旧立新的大环境，让创业者看见了创业的机会。

扩展阅读：

德鲁克提出的机会的七种来源

1. 意外之事

意外的成功。没有哪一种来源比意外的成功能提供更多创新的机遇。而且，它所提供的创新机遇风险最小，求索的过程也最不艰辛，但意外的成功几乎完全受到忽视，更糟糕的是，管理人员往往积极地将其拒之门外。

意外的失败。与成功不同的是，失败不能够被拒绝，而且几乎不可能不受注意。但是它很少被看作是机遇的征兆。当然，许多失败都是失误，是贪婪、愚昧、盲目追求或是设计、执行不得力的结果。但如果经过精心设计、规划及小心执行后仍然失败，那么这种失败常常反映了隐藏的变化，以及随变化而来的机遇。

2. 不协调

所谓"不协调"（incongruity）指事物的状态与事物"应该"的状态之间，或者事物的状态与人们假想的状态之间的不一致、不合拍。也许我们并不了解其中的原因，事实上，我们经常说不出所以然，但不协调是创新机遇的一个征兆。引用地质学的术语来说，它表示下面有一个"断层"。这样的断层提供了创新的机遇。它产生了一种不稳定性，四两可拨千斤，稍作努力即可促成经济或社会形态的重构。

3. 程序需要

与意外事件或不协调一样，它也存在于一个企业、一个产业或一个服务领域的程序之中。程序需要与其他创新来源不同，它并不始于环境中（无论内部还是外部）的某一件事，而是始于需要完成的某项工作。它是以任务为中心，而不是以状况为中心的。它是完善一个业已存在的程序，替换薄弱的环节，用新知识重新设计一个旧程序等。

4. 产业和市场结构

产业和市场结构有时可持续很多年，从表面上看非常稳定。实际上，市场和产业结构相当脆弱，受到一点点冲击，它们就会瓦解，而且速度很快。市场和产业结构的变化，同样也是一个重要的创新机遇。

5. 人口变化

在所有外部变化中，人口变化被定义为人口规模、年龄结构、人口组合、就业情况、教育情况以及收入的变化等，最为一目了然。它毫不含混，并且能够得出最可预测的结果。

6. 认知、意义和情绪上的变化

从数学上来说，"杯子是半满的"和"杯子是半空的"没有任何区别。但这两句话的意义在商业中却完全不同，造成的结果也不一样。如果一般的认知从看见杯子是"半满"的改变为看见杯子是"半空"的，那么这里就可能存在着重大的创新机遇。

7. 新知识

基于知识的创新是企业家精神的"超级巨星"。它可以得到关注，获得钱财，它是人们通常所指的创新。当然，并不是所有基于知识的创新都非常重要，有些的确微不足道。但是在创造历史的创新中，基于知识的创新占有很重要的分量。然而，知识并不一定是科技方面的，基于知识的社会创新也同样甚至更重要。

选编自：（美）德鲁克. 创新与企业家精神［M］. 蔡文燕，译. 上海：上海人民出版社，上海社会科学院出版社，2005：44-163.

第二节　火眼金睛，辨认它——创业机会识别

创业是一个漫长的过程，它是由一系列活动构成的。机会识别是创业活动的起点，在整个创业活动中起决定作用，它决定创业方向。

国内外学者们为界定创业机会识别，进行了很多研究。本书对国内外知名学者对创业机会识别的定义进行了搜集整理，见表5-2-1。

表5-2-1　创业机会识别的定义

研　究　者	对创业机会识别的定义
Schumpeter（1934）	机会识别是对各种要素的选择，诸如对生产产品的选择、对供给方式的选择，以及对生产方式、组织方式和市场的选择等。
Kirzner（1979）	创业机会是一种尚未明确的状态，它可能是一种未被确切定义的市场需求，也可能是一些没有被利用，或者正在被利用的能力和资源。

研 究 者	对创业机会识别的定义
Christensen, Madsen, Peterson (1989)	创业机会识别是指对创立一项具体业务的可能性知觉和能够有效提升企业利润的可能性知觉。
Bygrave, Hofer (1991)	机会识别就是创业者在感知到了一个机会后，进而创办公司，以追寻这一机会。
Herron Saienza (1992)	创业机会识别是创业者在各领域积极搜寻信息后获得的结果。
Bhave (1994)	在企业创建过程中，创业机会识别存在着两种不同的类型，内部刺激性机会识别和外部刺激性机会识别。其中，内部刺激性机会识别是指创业者首先发现需要解决的问题或需要满足的市场需求，再决定是否创建企业来解决问题或满足市场需求；而外部刺激性机会识别则是指创业者通过对机会进行过滤，并且对各种信息进行综合分析与评价来寻找机会。
Timmons (1999)	创业机会识别是创业过程中的核心要素之一，是整个创业过程的起点，它旨在识别出能创造或增加市场价值的产品或服务。机会识别实质上是创业者识别创新型产品或创新型服务概念的过程。
Ardichvili, Cardozo (2003)	创业机会识别，是察觉到市场需求或者未被利用的资源后，识别并创造出新的市场需求与资源匹配。
岳甚先，陈曦 (2012)	创业机会识别是创业者感知与发现机会，并进而开创新事业和创办新企业的过程。
张秀娥，孙中博 (2012)	识别是获取与鉴别事物的思维过程，因此，机会识别包含了对机会的搜索与对机会的评价两个过程。
胡霞，覃蓉芳 (2014)	创业机会识别指创业者在感知到变化的信息后，结合自身经验和已有知识对其进行分析评估，挖掘信息隐含价值，最终形成一个商业化想法的过程。

结合不同学者对创业机会识别的定义，我们可以将创业机会识别分成两种类型：广义和狭义。广义的创业机会识别，是一个发现、评估和开发创业机会的过程；狭义的创业机会识别，是如何从创意中筛选合适的机会。

永远的坐票

朋友经常出差，经常买不到对号入座的车票，可是无论长途短途，无论车上多挤，他说他总能找到座位。他的办法其实很简单，就是耐心地一节车厢一节车厢找过去。这个办法听上去似乎并不高明，但却很管用。每次他都做好了从第一节车厢走到最后一节车厢的准备，可是每次他都用不着走到最后就能发现空位。他说，这是因为像他这样锲而不舍找座位的乘客实在不多，经常是在他落座的车厢里，剩余若干座位，而在其他车厢的过道和车厢接头处，居然人满为患。

他说，大多数乘客轻易就被一两节车厢拥挤的表面现象迷惑了。不去细想，在数十次停靠之中，从火车十几个车门上上下下的流动中，蕴藏着不少提供座位的机遇，即使想到了，他们也没有那份寻找的耐心。眼前一方小小立足之地很容易让大多数人满足，为了一两个座位背负着行囊挤来挤去，有些人也觉得不值，他们还担心万一找不到座位，回头连个好好站着的地方也没有了。与生活中一些安于现状、不思进取、害怕失败的人，永远只能滞留在没有成功的起点上一样，这些不愿主动找座位的乘客，大多只能在上车时最初的落脚之处一直站到下车。

朋友作为生意人，经常被同行羡慕"运气好"，因为一些看来希望渺茫的机会，一旦被他撞上，最后总能成功。当我听过他"找座位"的故事后，我开始悟出，他的运气其实是他不懈追求的回报。他的自信、执着，他的富有远见、勤于实践，让他握有了一张人生之旅永远的车票。

从故事中你得到什么启示？

一、影响创业机会识别的重要因素

创业机会识别过程是创业者对创业机会进行的一个不断调整、反复衡量的过程，创业机会识别具有极强的主观性，背景或经历不同的创业者，对同一创业机会的评价也不同。那么具体哪些因素会影响创业者对创业机会进行识别呢？

（一）创业警觉性

创业警觉性可以说是创业者的"第六感"，是指对事件、物体和行为方式的敏感程度，是对潜在机会的持续关注能力。创业者比大部分人更渴望得到多样化的信息，搜集信息的渠道和频率更高，他们对信息保持着高度的警觉性。创业警觉性越高，创业者对特定的创业机会越敏感，识别创业机会的速度越快，能够被识别的创业机会也就越多。这一因素是识别创业机会的基本能力，在识别过程中发挥重组、匹配的作用，促进机会模式的激活和调用。

（二）创业者个性特质

从本质上来说，创业机会的识别是一个相当主观的行为，主要是指创业者的性格、思维方式及做事风格。从成功创业者的履历来看，创业者的个人特质可以说是五花八门，但也存在相通之处。大量研究表明，如果潜在的创业者个性更乐观、更自信、更有控制欲、更具有自我效能感，具有更强的信息敏感度、更强的风险感知能力，创业机会的识别与开发更有可能取得成功。

（三）既有的知识、经验

既有经验是决定个人认知能力、创业技能的重要因素之一，每个个体都有自己独特的既有经验与既有知识，这就构成了其有别于他人的知识走廊。这种特异性就解释了为何有些人更容易发现一些特定的机会，而其他人则不能。某个人一旦投身于某产业进行创业，这个人将比那些从产业外观察的人更容易看到产业内的新机会。

（四）社会网络

社会网络指的是创业者或者创业公司所处的社会关系，是联系创业者和机会的纽带与桥梁。创业者的社会网络包括政府、金融机构、支持机构、商业合作伙伴、朋友、家庭、同事等。社会网络是创业者信息的主要来源，而信息是创业机会的重要组成部分。社会网络为创业者提供各类创业所需的资源，是潜在创业机会和知识的重要来源，在创业过程中扮演着重要的角色，是影响创业成功与否的关键要素之一。研究发现，创业者所嵌入的网络规模越大，越有助于接触到丰富多样的信息，从而发现更具有创新性的机会。所以，创业者自身社会网络的规模大小、多样性、强度及密度将对机会识别产生重要的影响。

（五）创新、创造力

创业的本质就是创新、创造。什么是创业？创业不是拿来主义，不是简单照搬复制，其本质就是创新。要么创新一个品类，要么进行创造性模仿，要么创新一种模式，要么创新一种技术。管理学大师彼得·德鲁克说，企业的唯一目的是创造顾客。同样，创业的目的也在于创造顾客，若做不到，则创业就是无源之水、无本之木。那如何才能创造顾客呢？答案就在于创新。

（六）机会因素

在创业机会识别过程中，研究者重点关注的都是创业者的差异及影响机会识别的个体因素。有研究者提出，在机会识别领域，更多的注意力应放在机会本身上，强调机会的差异在创业机会识别中的作用，认为相对隐性的机会比较容易通过既有经验识别，而相对显性的和规范的机会则比较容易通过系统搜索识别。研究表明，创业者更偏好于有价值的，并且与自己以往知识有关的机会，因为这种机会符合创业者的愿望，并具有一定的可行性。

二、创业机会的识别过程

创业过程开始于创业者对创业机会的把握。好的创业机会，必然具有特定的市场定位，专注于满足顾客需求，同时能为顾客带来增值的效果。创业者不仅要善于发现机会，更需要正确把握并果敢行动，将机会变成现实的结果。

创业机会识别过程是一个复杂的、综合性的交互过程，不同学者对于创业机会识别的过程提出不同的过程模型，这丰富了创业机会识别的理论研究。

（一）创业机会识别三阶段过程模型

Lindsay 和 Craig（2002）通过对多个研究对象进行比较，提出经典的创业机会识别三阶段过程模型（图5-2-1），其主要包括机会的搜寻、机会的识别和机会的评价三个阶段。

第一阶段：机会的搜寻（opportunity search）。在这一阶段中，创业者会对整个经济系统中潜在的创业机会进行搜寻，如果创业者认为某一创业机会具有商业发展潜力，就会进入下一阶段——机会的识别阶段。

第二阶段：机会的识别（opportunity recognition）。这一阶段主要包括两个步骤：标准化机会识别阶段和个性化机会识别阶段，这是从创意中筛选合适机会的阶段。

第三阶段：机会的评价（opportunity evaluation）。这一阶段主要将先前收集到的数据进行数据清洗和数据量化，并决定是否将这一创业机会付诸实践。在机会识别的后期，这种评价变得较为规范，并且主要集中于考察这些资源的特定组合是否能够创造出足够的商业价值。

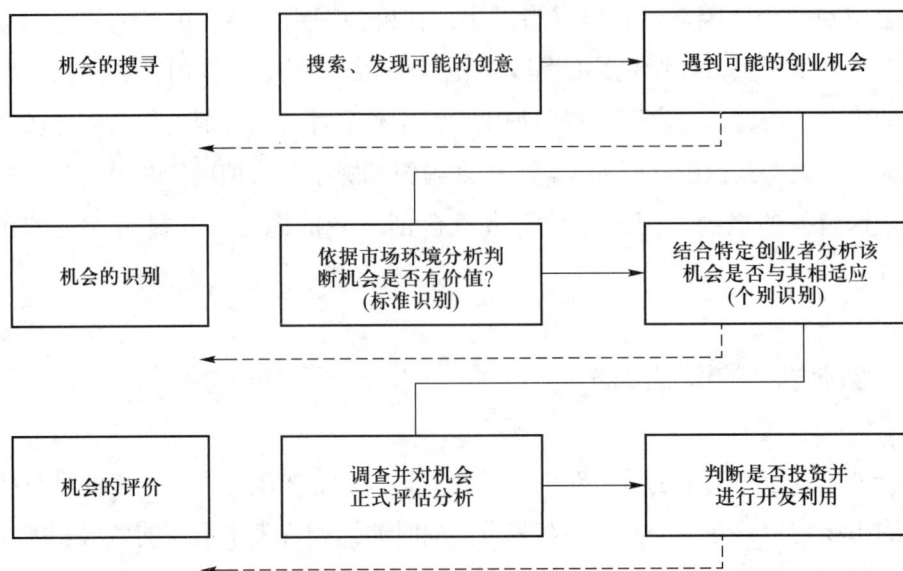

图 5-2-1　创业机会识别三阶段过程模型

（二）创业机会识别五阶段过程模型

Hills、Shrader 和 Lumpkin 提出以创造力为基础的多维度机会识别过程模型，该模型将机会识别分为以下五个阶段：（1）准备阶段（preparation），指创业者知识和技能的准备，这些知识和技能可能来自于创业者的工作、爱好或学习经历以及社会网络；（2）沉思阶段（incubation），指创业者的创新构思活动，这一过程是创业者漫无目的地无意识考虑，并非有意识地系统分析或解决问题；（3）洞察阶段（insight），这一阶段类似于问题解决的领悟阶段，创业者的创新创业意愿从潜意识中被激发，或被创业者所意识到，或经他人启发，可以用"豁然开朗"来形容；（4）评估阶段（evaluation），即有意识地对创意的价值和可行性进行评定和判断，评估的方式包括初步的市场调查、与他人进行交流以及对商业前景的考察；

（5）经营阶段（elaboration），是指对创意进一步细化和精确，使创意得以实现。

Hansen、Lumpkin 和 Hills 重新验证了这一模型，发现这个五阶段过程模型(图 5-2-2)是机会识别最好的拟合模型，并且其中的沉思和经营阶段与创造力显著相关。

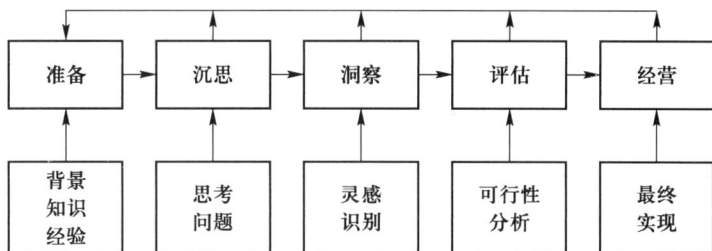

图 5-2-2　创业机会识别五阶段过程模型

三、创业机会的识别方法与技巧

创业者进行成功的创业机会识别，需要使用多种方法与技巧。本书对较为常见的几种方法与技巧进行了归纳。

（一）创业机会的识别方法

创业机会的识别方法通常有四种，即市场调研发现机会、系统分析发现机会、问题导向发现机会与创新变革获得机会。

1. 市场调研发现机会

通过市场调研，才更有说服力。通过市场调研，与顾客、供应商、代理商等多方面进行沟通，获取相关数据，真实地了解这个世界现在发生了什么，未来将会发生什么。针对自己的某个特定想法，发现可能的创业机会。

2. 系统分析发现机会

即精准识别创业机会，随着我国市场经济的快速发展和人民生活水平的提高，顾客的需求也变得日益多元化，企业变得越来越难生存。因此，只有精准把握客户需求，系统分析微观数据（顾客、市场、竞争对手、供应商等）与宏观环境（政治、社会、法律、技术、人口等）的变化，才能寻找新的顾客需求和商机。

3. 问题导向发现机会

创业的根本目的是解决客户面临的各种问题，为客户创造新的价值。从一开始就要找到一个组织或者个人的某个问题或者明确的需求，这可能就是创业机会识别最快速、最精准、最有效的方法。一个新的创业机会可能由顾客识别提出，最简单的是，他们会提出一些诸如"如果那样的话不是会很棒吗？"的建议，顾客的建议多种多样，留意这些随口而出的建议，将有助于创业者发现创业机会。

4. 创新变革获得机会

变革中常常蕴藏着无限商机，许多创业机会产生于创新变革。创业者通过创新，就会发现新的机会。任何创新变革都能激发新的创业机会，这需要创业者凭着自己敏锐的嗅觉去发现和创造。许多很好的商业机会并不是突然出现的，而是对创新者的一种回报。

（二）创业机会的识别技巧

识别创业机会的路径通常是，掌握信息，善于观察，总结他人成功的经验及失败的教训，以及把控市场竞争等方面的情况。

1. 从变化中寻求机会

变化中常常蕴藏着无限商机，许多创业机会产生于不断变化的市场环境。这些变化可能包括产业结构的变化、科学技术的进步、政府管制的放松、经济体制的变革、价值观与生活形态的变化、人口结构的变化等。

2. 从"低科技"中把握机会

随着科技的发展，开发高科技领域是时下热门的课题，但创业机会并不只属于高科技领域。在运输、金融、保健、餐饮、流通这些"低科技领域"，创业也有机会，关键在于开发。找出现有产品存在的缺陷，有针对性地提出改进的方法，形成创意，并开发具有潜力的新产品或新功能，就能够出其不意，成功创业。

3. 盯住顾客的需求找机会

好的创业机会，必然具有特定的市场定位，专注于满足顾客需求，同时能为顾客带来增值的效果。创业者如果时常关注某群体的日常生活和工作，就会从中发现某类机会。

4. 追求"负面"寻机会

"负面"指的是消费者遇到的问题。许多成功的企业都是从解决问题起步的。所谓问题，就是现实与理想的差距。比如，顾客需求在没有满足之前就是问题，而设法满足这一需求，就抓住了市场机会。

第三节　机会来啦，抓住它——创业机会评价

胆子大，敢为天下先。改革开放以来的六次全民致富机会：

六五规划，干个体，摆地摊，万元了；

七五规划，去乡镇，办企业，十万了；

八五规划，去下海，去经商，百万了；

九五规划，买煤场，买矿山，千万了；

十五规划，出国门，做加工，亿万了；

十一五规划，买房子，买股票，全富了。

在开发创业机会的过程中，创业者首先要对机会进行识别，其次要对机会进行合理的评估，达到理想的要求后才开始对机会进行开发。因此，仅仅发现创业机会是远远不够的，还应该对创业机会进行评估。尽管评估过程非常短暂，但却是必不可少的，它是将创业机会识别过渡到创业机会开发的必然过程。

一、有价值创业机会的基本特征

有价值潜力的创业机会一般具有以下基本特征。

（一）独特、新颖、有吸引力

创业的本质是创新，创业者可以提供独特的生产技术或者差异化的解决方案，也可以提供更新颖的服务模式，这些有吸引力的创业模式更容易吸引消费者和投资者，更有利于创业者将机会转化为现实。除此之外，许多创业者在国家政策中寻求发展机会，国家出台相关政策对某些领域进行支持，就说明该领域具有一定的领先性，创业者从中寻求发展也会更容易成功。

（二）客观、真实，可以操作

一个好的创意，如果没有足够的现实基础去实现，或者没有相关的受众群体，那么也只是一个不切实际的空想。因此，有价值的创业机会是要有现实意义和实用价值的，是能够满足广大消费群体的需求的。

（三）持久、有潜力

创业机会的持久性长意味着有可持续开发的潜力，只有这样才能够持续地为企业带来竞争优势，为顾客带来利益，才能让顾客感到满意，因此，无论是何种形式的创业机会，都必须具有持久性。

（四）及时性

创业机会需要很快满足某项重大的需要或愿望，或者能够尽早帮助人们解决一些重大问题。

二、创业机会的评估准则

对于创业投资者来说，创业机会的开发能否给自己带来收益是评估创业机会的重要准则，因此，创业机会的评估就相当于投资项目的甄选。据统计，大概有一半以上的创业计划在最初阶段就被否决，一方面是因为这些计划不能为创业投资者带来收益，另一方面则是因为这些计划不具备持续发展为企业的实际价值潜力。

本文采用美国创业投资者通常选取的创业机会评估准则（表5-3-1），这些准则是以成功的创业投资者们所拥有的良好的投资行为为基础的。我们也可以参照它来分析评估创业机会。

表 5-3-1　创业机会的评估准则

准　　则	吸　引　力	
	较 高 潜 力	较 低 潜 力
一、产业和市场		
1. 市场		
需求	确定	不被注意
消费者	可接受	不易接受
对用户回报	<1 年	>3 年
增加或创造的价值	高	低
产品生命	持久；超过投资加利润回收期	不能持久；比投资回收期短
2. 市场结构	不完全竞争或新兴产业	完全竞争或高度集中；成熟产业或衰退产业
3. 市场规模	1 亿美元销售额	不明确或<1 000 万美元销售额
4. 市场增长率	以 30%~50%或更高速度增长	很低或<10%
5. 市场份额	20%或更多；领先者	<5%
6. 成本结构（5 年内）	低成本提供	成本下降
二、资本或获利能力		
1. 毛利	40%~50%或更高；持久	<20%；而且很脆弱
2. 税后利润	10%~15%或更高；持久	<5%；脆弱
3. 所需要的时间		
损益平衡点	<2 年	>3 年
正现金流	<2 年	>3 年
4. 投资回报潜力	每年 25%或更高；高价值	每年 15%~20%或更低；低价值
5. 价值	高战略价值	低战略价值
6. 资本需求	低到中等；有资助	非常高；无融资
7. 退出机制	现时或可望获得的其他选择	不确定；投资难以流动

参考文献：苏世彬. 创业管理［M］. 北京：高等教育出版社，2015.

表中有 18 项指标，主要涉及竞争优势、发展不足、产业市场、资本盈利等不同的方面。一般来讲，一个好的创业机会会符合表中所列的大部分指标，或者在其中几项指标中有显著的竞争者不可超越的优势地位。

三、创业机会的评价策略

创业者在发现创业机会后，首先就要对创业机会进行评估。对于创业者来说，从各种机会中识别有价值的创业机会是最为重要的，并且在之后能够迅速采取行动抓住机会。霍华德·史蒂文森（Howard Stevenson）等研究人员研究了评估创业机会的五个重要方面：（1）机会的大小、机会期、机会发展得有多快；（2）开发机会所需的投入与产出之间的关系；（3）机会是否会在发展过程中带来新的创业机会和新市场；（4）在一个不断变化和发展的社会中，如果发展进程受到阻碍，机会的好处能否保持；（5）在机会开发过程中是否实现了客户的实际价值。

创业机会评估需要提前考虑创业过程中可能遇到的障碍和挑战，因为影响创业机会的因素受到许多动态环境的影响，这使得创业机会评估成为一个巨大的挑战。因此，要提高创业机会评估的准确性，必须掌握一些科学的方法。

（一）定性评价的方法

国外著名创业领域学者蒂蒙斯教授提出了创业机会评价的基本框架（表5-3-2），这是一种定性分析的方法。其中包括行业和市场、经济因素、获利条件、竞争优势、管理团队、致命缺陷问题、个人标准、理想与现实的战略差异8项一级指标，并延伸出了53项二级指标，该框架让创业者能够对机会的多个因素进行详细的分析，来判断机会是否可以开发。

表 5-3-2　蒂蒙斯的创业机会评价指标框架

序号		指　　标
1	行业和市场	① 市场容易识别，可以带来持续收入。
		② 顾客可以接受产品或服务，愿意为此付费。
		③ 产品的附加值高。
		④ 产品对市场的影响力高。
		⑤ 将要开发的产品生命期长久。
		⑥ 项目所在的行业是新兴行业，竞争不完善。
		⑦ 市场规模大，销售潜力达到 1 000 万到 10 亿。
		⑧ 市场成长率在 30%~50% 甚至更高。
		⑨ 现有厂商的生产能力几乎完全饱和。
		⑩ 在五年内能占据市场的领导地位，市场份额达到 20% 以上。
		⑪ 拥有低成本的供货商，具有成本优势。

序号	指 标	
2	经济因素	⑫ 达到盈亏平衡点所需要的时间在 1.5~2 年。
		⑬ 盈亏平衡点不会逐渐升高。
		⑭ 投资回报率在 25% 以上。
		⑮ 项目对资金的要求不是很大，能够获得融资。
		⑯ 销售额的年增长率高于 15%。
		⑰ 有良好的现金流量，能占到销售额的 20%~30% 以上。
		⑱ 能获得持久的毛利，毛利率要达到 40% 以上。
		⑲ 能获得持久的税后利润，税后利润率要超过 10%。
		⑳ 资产集中程度低。
		㉑ 运营资金不多，需求量是逐渐增加的。
		㉒ 研究开发工作对资金的要求不高。
3	获利条件	㉓ 项目带来的附加价值具有较高的战略意义。
		㉔ 存在现有的或可预料的退出方式。
		㉕ 资本市场环境有利，可以实现资本的流动。
4	竞争优势	㉖ 固定成本和可变成本低。
		㉗ 对成品价格和销售的控制权较高。
		㉘ 已经获得，或可以获得对专利所有权的保护。
		㉙ 竞争对手尚未觉醒，竞争较弱。
		㉚ 拥有专利或具有某种独占性。
		㉛ 拥有发展良好的网络关系，容易获得合同。
		㉜ 拥有杰出的关键人员和管理团队。
5	管理团队	㉝ 创业者团队是一个优秀管理者的组合。
		㉞ 行业和技术经验，达到了本行业内的最高水平。
		㉟ 管理团队的政治廉洁程度能达到最高水准。
		㊱ 管理团队知道自己缺乏哪些方面的知识。
6	致命缺陷问题	㊲ 不存在任何致命缺陷问题。
7	个人标准	㊳ 个人目标与创业活动相符合。
		㊴ 创业者可以做到在有限的风险下实现成功。
		㊵ 创业者能接受薪水减少等损失。
		㊶ 创业者渴望进行创业这种生活方式，而不只是为了赚大钱。
		㊷ 创业者可以承受适当的风险。
		㊸ 创业者在压力下状态依然良好。

续表

序号	指　　标	
8	理想与现实的战略差异	㊹ 理想与现实情况相吻合。
		㊺ 管理团队已经是最好的。
		㊻ 在客户服务管理方面有很好的服务理念。
		㊼ 所创办的事业顺应时代潮流。
		㊽ 所采取的技术具有突破性，不存在许多替代品或竞争对手。
		㊾ 具备灵活的适应能力，能快速地进行取舍。
		㊿ 始终在寻找新的机会。
		(51) 定价与市场领先者几乎持平。
		(52) 能够获得销售渠道，或已经拥有现成的网络。
		(53) 能够允许失败。

参考文献：蒂蒙斯．创业学［M］．北京：人民邮电出版社，2002.

（二）定量评价的方法

结合众多学者的研究，本书介绍三种定量评价创业机会的方法，即标准打分矩阵法、珀泰申米特法和贝蒂选择因素法等。

1. 标准打分矩阵法

每个因素都由一个专家小组通过列出对创业成功有影响的程度进行评分，分数包括最佳（3 分）、好（2 分）和一般（1 分）三个标准。最后，通过计算每个创业机会的每个因素的加权平均分数来比较不同的创业机会。表 5-3-3 列出了 10 个主要评估因素，创业者可根据所有或部分因素的具体情况在实践中用于评估创业机会。

表 5-3-3　标准打分矩阵法

标　　准	专家评分			
	最佳（3）	好（2）	一般（1）	加权平均分
易操作性	8	2	0	2.8
质量和易保护性	6	2	2	2.4
市场接受度	7	2	1	2.6
增加资本的能力	5	1	4	2.1
投资回报	6	3	1	2.5

标　准	专　家　评　分			
	最佳（3）	好（2）	一般（1）	加权平均分
专利权状况	9	1	0	2.9
市场大小	8	1	1	2.7
制造的简单性	7	2	1	2.6
广告潜力	6	2	2	2.4
成长潜力	9	1	0	2.9

参考文献：张玉利，李新春．创业管理［M］．北京：清华大学出版社，2006.

2. 珀泰申米特法

珀泰申米特法（表5-3-4）基于问卷调查。调查内容由企业家根据可能影响成功的因素的实际情况确定，每个因素可以在-2~+2分的范围内评分。将所有因素评分后，计算总分，总分决定成功概率，分数与成功的概率成正比。在正常情况下，得分超过15分的创业机会可以进一步发展，得分低于15分的创业机会将被舍弃。

表5-3-4　珀泰申米特法

1	对于税前投资回报率的贡献
2	预期的年销售额
3	生命周期中预期的成长阶段
4	从创业到销售额高速增长的预期时间
5	投资回收期
6	占领领先者地位的能力
7	商业周期的影响
8	为产品制定高价的潜力
9	进入市场的容易程度
10	市场试验的时间范围
11	销售人员的要求

参考文献：张玉利，李新春．创业管理［M］．北京：清华大学出版社，2006.

3. 贝蒂选择因素法

贝蒂选择因素法（表5-3-5）类似于珀泰申米特法，但不是使用评分机制，而是使用统计方法。贝蒂选择因素法通过选择并评价创业机会的若干个关键因素，若超过 7 个因素符合，则考虑后续的开发机会，若只有 6 个或更少的因素符合，则可以舍弃这个创业机会。

表 5-3-5　贝蒂选择因素法

序号	因　　素
1	这个创业机会在现阶段是否只有你一个人发现了？
2	初始的产品生产成本是否可以接受？
3	产品是否具有高利润回报的潜力？
4	是否可以预期产品投放市场和达到盈亏平衡点的时间？
5	潜在的市场是否巨大？
6	你的产品是否是一个高速成长的产品家族中的第一个成员？
7	你是否拥有一些现存的初始用户？
8	是否可以预期产品的开发成本和开发周期？
9	是否处于一个成长中的行业？
10	金融界是否能够理解你的产品，以及顾客对它的需求？

参考文献：张玉利，李新春．创业管理［M］．北京：清华大学出版社，2006．

（三）运用机会评价方法要注意的问题

由于影响创业机会的因素很多，这些因素中有些是定性的，有些是定量的，不管是定性的还是定量的创业机会评价方法，都存在着很多不足的地方，所以仅采用某种单一的方法，无法全面把握关键因素。因此要想科学地评价创业机会，就应该注意以下几个方面。

（1）从实际情况出发，建立一个有效的评价指标体系。企业可以着眼于自身的实际情况，并借鉴其他优秀企业合适的评价指标来构建自己的评价标准，再利用所建立的体系进行创业机会评价。

（2）创业机会识别指标的构建需要合理分类，以便对创业机会进行全面综合的评价。

（3）设立创业机会门槛。企业应该全面思考关键性的指标可能带来的风险和挑战，并准确评估如果遇到这个缺陷，对创业机会的开发是否能够继续，企业是否可以承受风险所带来的损失。如果得到的答案是否定的，那么企业便可以放弃这个机会，重新识别创业机会，规避可能会给企业带来的损失。

四、创业机会的把握

（一）选择擅长领域

在选择创业项目时，每个创业者都应该根据自己过去的从业经验、自身特长和所掌握的技能来选择自己最擅长的创业项目，不能盲目跟风，只有选择自己真正感兴趣并擅长的创业领域，才能产生持久的内在动力，获得成功的可能性也就越大。而对于连续创业者来说创业经验是很重要的，正所谓失败乃成功之母，对于每次失败的总结，都是对自身经验的丰富，能够增加下次创业成功的概率。

（二）选择利基市场

菲利普·科特勒在其著作《营销管理》中提出，利基即"更窄地确定某些群体"。由于这个市场很小，因此被许多创业者所忽视，利基市场的需求没有被满足。在多变的商业环境里，如果创业者能够在一个他人"看不到"的市场缝隙里发展，遭受的市场阻力会小很多，会更容易成功。

（三）选择新兴市场

初出茅庐的创业者面对众多已经接近饱和的市场，想要进入并打下一片天地的可能性微乎其微，因此，去填补独特的新兴市场，并且快速发掘出自己的独特优势时，就能成为新兴市场的领头人，获得该市场的主动权与较高的利润。所以，发现新兴市场的发展空间，抢占先发优势是很重要的。

（四）选择细分行业

当前的竞争日益趋近同质化和白热化，创业者要想精准抓住客户的需求，就要充分根据消费者的购买习惯和购买需求等方面的不同，依据消费者的基本需要和潜在需求来选择产品的市场半径，找到与创业资源匹配的细分市场。创业者要善用聚焦战略创造竞争优势，聚焦在一个地区、一个细分市场，集中优势资源进行商业突破。

（五）选择技术创业

创业者可以借助他人或自身的某项技术，实现技术型创业。当然，不是每个创业者的创业都要基于技术，技术创业只是一个方向，但需要时刻关注技术变革对创业的影响。

（六）选择创新项目

任何好的项目和好的企业都是做出来的，而不是想出来的。独特的创业者，不会忽视创新的想法或可能的商业价值，他会把创意变成现实，最终实现成功创业。

任何创业机会都存在风险，创业行为本身就具有高度的风险和挑战，创业者在开展创业活动中都会遇到各种各样的问题，因此，在评价完创业机会之后，创业者是否决定要开发创业机会，仍然需要由创业者理性地做出决定。

第四节　排兵布局，利用它——商业模式

在古代的商业贸易活动中便已出现了商业模式的实践活动。商业模式一词在 20 世纪 50 年代便出现了，但直到 20 世纪 90 年代中期以后才流行起来。而随着互联网的发展，信息技术使各种商业模式走上了创新之路，这使得传统的商业模式受到了空前的挑战。在当代社会，如何设计并创新商业模式新思路已经成为社会各界高度关注的问题，也是企业之间进行竞争与创新的重点所在，同时也是企业保持可持续发展的重要保障。

找到好的商业模式

人们付出同样的时间和精力，却可能收获不同的利润。三个人拿同样的一两银子做生意，第一个人买来草绳做鞋子，赚了一些银子；第二个人看到春天来临，买了纸和竹子做风筝，赚了十两银子；第三个人看到人参资源将慢慢枯竭，于是买了很多人参种子，走到人迹罕至的深山播下，七年后收获上好的七年野山参，收获三十万两银子。

分析来看，第一个人做的是衣食住行的生意，这是必需的需求，总会有市场，每个人都可以做，因此收获一分利，如同现在很多人靠产品与规模取

胜；第二个人做的是吃喝玩乐的生意，跟随的是潮流目标，客户范围扩大百倍，而收获十分利，如同现在的网站赚大众无聊时的钱，靠眼光取胜；第三个人看的是未来的商机，敢做而善忍，最终创造了数百乃至数千倍的利润，靠的是格局取胜。例如，华为响应国家工业2025的发展战略，布局工业智能化生态系统的搭建。

正如格局不能决定一个企业现在能赚多少，却能决定一个企业未来能做多大和能走多远。所以，若想在商界立于不败之地，最重要的是人的思维模式，以及由此而创造的商业模式。

一、商业模式的含义及特征

（一）商业模式的本质

当前，虽然不同行业、不同规模的企业拥有着不一样的商业模式，但是却遵守着很多共同的商业规则。因此，商业模式也是在普遍性中存在着特殊性，而特殊性又符合普遍性的规律。

彼得·德鲁克曾经说过："当今企业之间的竞争，不是产品之间的竞争，而是商业模式之间的竞争。"以往的商业模式的内涵大多停留在经济和运营的层次，更多地从产品和营销出发，关注企业自身的利润。现在的商业模式逐渐开始转化，向更高层次的战略层面延伸，也更多地从顾客的角度出发，开始关注客户价值的实现、客户需求的满足乃至企业战略目标的实现等。创业者创业的实质影响着商业模式，使其向着解决市场上的问题，以创造更多价值的方向发展，这样才能真正算得上是实现了企业自身的价值。这就需要企业着眼于内部资源和自身能力，找到与市场外部机会相结合的着力点，这才是商业模式研究的基础所在。

（二）商业模式的概念

不论是学术界还是企业界，对于商业模式的定义都没有一个统一的认知。人们都只是从各自的角度来分析商业模式的内涵和概念。

商业模式的概念需要包含很多方面，如企业的经营运作、经济本质、战略发展等，因此，商业模式的概念并不是从单一的层面进行研究，而是需要从整体的角度来看，从系统化和综合化的层面来避免单一理论的局限性，摆脱商业模式研究的落后性。商业模式应该为企业的战略服务，帮助企业整合内部现有的资源，协调外部相关资源，针对市场需求创造价值。

根据现有的理论研究，同时利用科学系统的研究方法，本文将商业模式的概念概括如下：商业模式是企业以实现顾客价值最大化和企业可持续发展为目标，将企业内部资源和外部资源整合起来，通过提供产品和服务推动客户和企业的双向共赢，形成一个完整高效的具有竞争优势的系统。其中，整合内外部资源形成高效完整的系统是基础条件，形成竞争优势是发展手段，实现客户价值的最大化和企业的可持续发展是目标，客户和企业的持续双赢是结果。

（三）商业模式的特征

商业模式的特征是从商业模式的基础上总结出来的，是对商业模式内涵的延伸，也是成功的商业模式所具备的属性。具体而言，商业模式有以下七大特征。

1. 客户价值最大化

能否使客户价值最大化是商业模式能否持续赢利的重要因素。如果一个企业的商业模式不能实现客户的价值，那么即使目前是赢利的，这种赢利也不能长久地持续下去。而一个能最大化地实现客户价值的商业模式，即使在当下不能给企业带来收益，但最终也是有利于企业的长远发展的。因此，客户价值最大化应该成为企业制定商业模式应该满足的核心。

2. 持续赢利

判断企业的商业模式是否成功的唯一的外在标准是，在合法的条件下企业是否能够持续赢利。持续赢利是指企业不仅要赢利，更要有持续发展的能力，而不是仅一时赢利。因此在构建商业模式时，如何达到可持续赢利的目标就成为重要的准则。

3. 资源整合

对资源进行整合就是优化整体的资源配置，使资源在整体上达到最优状态。从整体层面上来看，资源整合即企业通过组织协调，将企业内部彼此之间相互关联但却分离的资源整合，将企业外部拥有共同的使命但却有独立经济利益的合作伙伴的资源整合，合理配置资源取得最大化的效果。在微观层面上来看，资源整合即企业根据自身的发展战略和市场需求对内部资源进行重新配置，并找到资源配置与用户需求的最佳结合点，以增强企业的核心竞争力，更好地实现用户的价值，提高用户的满意度。

4. 持续创新

作为企业立足的基础条件，商业模式在经营过程中比技术更为重要，因为成功的商业模式不仅包括某种技术的创新突破，还包括对企业资源开发模式、运营方式、市场营销体系、物流运输等各个环节，甚至是对原有模式的颠覆性创新，贯彻于企业运作的整个过程中。因此，在企业中，每个环节的突破创新都有可能成为一种新的商业模式发展的契机。

5. 有效的融资

对我国广大的中小企业来说，资金是企业生存、发展和快速成长不可或缺的要素，因此，合理融资对企业有着特殊的意义。目前，资金已经成为许多企业发展中难以突破的瓶颈，谁能率先筹集到足够的资金，谁就赢得了企业发展和市场的主动权。从这个意义上来讲，商业模式成功与否很大程度上取决于企业是否能够融到资并且将资金用到正确的地方。

6. 高效率的组织管理

每个组织管理追求的最高目标就是高效率，以现代管理学的理论来看，一个组织要想高效率地运行，要解决的事情有三件。第一件便是企业整体的规划、愿景和核心价值，这是一个企业生存发展的动力支撑，同时也是企业内部员工的最高目标。第二件便是要制定科学的激励方案，为员工确立合理的奖惩制度，合理与员工分享企业发展成果，增强企业内部的凝聚力。最后一件便是企业要有一套科学的管理运作系统，用来解决企业内部计划、协同和组织的问题，以促进企业的有序运行和发展。

7. 风险控制

一个好的商业模式能够抵御和规避企业在经营过程中遇到的风险。在企业的经营过程中，主要有内部风险和外部风险两个方面。企业内部的风险即产品的变化、资金不足、内部人事变更等，企业外部的风险即政策法律等大环境的变化。一个好的商业模式应有利于及时控制风险。

二、商业模式的核心要素

构建商业模式要考虑以下问题：如何吸引客户，如何帮助客户实现他们的价值，利用何种营销手段让客户消费，采用何种渠道将价值送达客户，企业的主要任务是什么，企业缺少什么资源，企业怎么找到互助的合作伙伴，企业的产品线有多少，企业的产品需要花费的成本。

而对于上述问题的思考与解决，则需要遵循下述次序。

（一）客户细分

企业的产品和服务是为哪类客户提供的，即帮助企业筛选出目标客户群体，回答企业为谁创造价值的问题。

（二）价值主张

价值主张主要解决为目标客户群体创造价值的问题，即企业为客户传递什么样的价值？解决什么样的问题？满足何种需求？

（三）渠道通路

渠道通路即企业通过何种方式来找到目标客户群体并向其传递企业的价值主张，回答以下问题：企业通过什么渠道通路可以接触到细分客户群体？企业的渠道如何进行整合，以及如何选出最有效经济效益最高的？如何接触渠道？如何整合渠道和客户的日常程序？

（四）客户关系

客户关系即企业与细分客户群体之间的关系，回答以下问题：每位客户所希望建立保持的最合理的关系是什么？已经建立的关系的成本是如何计算与维持的？如何整合客户关系和商业模式其他的部分？

（五）收入来源

收入来源即企业从客户中获取的净利润，回答以下问题：企业提供什么样的价值主张时细分客户愿意买单？细分客户现在愿意为什么产品或服务消费？细分客户是通过何种方式来支付的？细分客户更偏好的支付方式是什么？

（六）核心资源

核心资源即商业模式运作所需要的不可或缺的因素，回答以下问题：企业所主张的价值以何种核心资源为支撑？企业的渠道以何种核心资源来支持？企业与细分客户的关系维护需要何种核心资源？企业的收入来源需要何种核心资源？

（七）关键业务

关键业务即企业为了保证商业模式有效运转必须要做的事情，包括企业各组织、各部分以及它们之间的关系，回答以下问题：企业所主张的价值需要何种关键业务？企业的渠道通路需要何种关键业务？企业与细分客户的关系维持需要何种关键业务？企业的收入来源需要何种关键业务？

（八）成本结构

成本结构即运营商业模式所需要的成本情况，回答以下问题：企业的商业模式中最重要的固有成本是什么？企业中哪些关键业务和核心资源花费的成本是最多的？

（九）重要合作

重要合作即企业为了让商业模式有效运转而构建的合作伙伴网络，回答以下问题：企业的重要合作伙伴是谁？企业从合作伙伴那里可以获得何种核心资源与关键业务？

以上九个要素包含在所有商业模式中，可以说，任何商业模式都是由这九种要素按照不同的逻辑进行的排列组合。创业者根据自身的兴趣、需求和经验，更新每个要素中的基本内容，也就形成了各种各样的商业模式。

三、商业模式设计

在 2020—2022 年疫情的冲击下，许多商业模式都表现出了发展的弊端，因此，如何构建在重大冲击下能够持续发展的商业模式，是一个急需解决的问题。

（一）商业模式设计方法

"商业模式设计"是指实现企业价值，实现对企业和产品、服务的利益。所谓商业模式，是指商业价值的创造、价值增值、价值交换、价值转化和价值分配中，产生优秀的顾客价值，以此来提高本公司的价值。成功的商业模式以商业为起点，充分考虑了集约使用和设计社会资源来创造商业价值、客户价值、合作伙伴价值和社会价值，并使他们的价值得到最大化的实现。

商业模式的设计需要考虑到多方之间的利益关系，企业家要从全局战略出发，对商业模式进行指导。商业模式设计需要企业家具备创新精神、整合资源的能力和多方共赢的理念等，更应该关注客户的价值实现与企业整体的战略目标的实现。因此，商业模式设计需要对企业内外部资源进行整合，对系统功能加以强化，并遵循企业价值最大化、可持续发展、核心资源整合、客户价值实现、多方共赢的原则。

本书对商业模式的设计方法进行了总结，其主要包括以下几种。

1. 参照法

参照法的重点在于参照物，即基于国内外商业模式，根据企业自身的内外部因素，如环境特征、战略、技术、规模等各种因素，决定企业的商业模式的设计方向。在设计商业模式时，必须要根据企业自身的条件进行调整和改进，并创造性地寻找符合企业需要的商业模式。

2. 相关分析法

相关分析法，顾名思义即分析问题时，分析对比与其他因素之间的相关关系以及相关程度的方法。由此可见，如果要运用相关分析法，就要分析影响商业模式的各种相关因素。利用此方法可以通过联系各种因素之间的关联性，来研究如何实现企业的价值，为企业创造利益。

3. 关键因素法

关键因素法即根据关键因素确定业务模式设计的方法。在商业模式中有许多变量影响设计目标的实现，其中关键和主导因素有很多个。要确定关键成功因素，并掌握实现目标所需的一系列关键因素，以便在设计中优先考虑。关键因素法包括以下五个步骤：（1）确定商业模型设计的目标；（2）确定所有关键因素，分析商业模式和影响其下游因素的各种因素；（3）确定商业模式设计不同阶段的核心因素；（4）确定绩效指标和评价标准，以确定关键因素；（5）确定商业模式实施计划。

4. 价值创新法

如今信息技术飞速发展，企业也在面临着许多前所未有的问题和挑战，因此，旧的商业模式设计也应该进行创新，通过要素的重新排列组合来设计出更加符合当下和未来发展的新的商业模式，以实现商业模式的价值创新。

（二）商业模式设计过程

商业模式具有一定的复杂性，因此抽象维度的建构需要用具体的模型来呈现，以此来寻求不同维度下不同模式之间存在的一致性。

1. 商业模式的二维设计

商业模式的二维设计以格威·卡瓦萨奇提出的二维商业模式坐标系为范例。

从图5-4-1中我们可以看到，横坐标为客户价值，纵坐标为企业的独特能力。位于第1象限的企业，不但产品或服务对用户来说非常有价值，而且由于有独特能力，企业的商业模式也具有了排他性。位于第2象限的企业，客户对其产品和服务不认可，所以企业虽然具有独特性，但并不能够产生价值。处于这个象限的企业，可以称为"冤大头型企业"。位于第3象限的企业，除了客户不接受其所提供的产品和服务，自身还没有独特性，这样的企业可以称为"凑趣型企业"。位于第4象限的企业，其提供的产品或服务并不独到，但尚有一定的客户群体接受其价值，这样的企业只能是惨淡经营的"平庸型企业"。

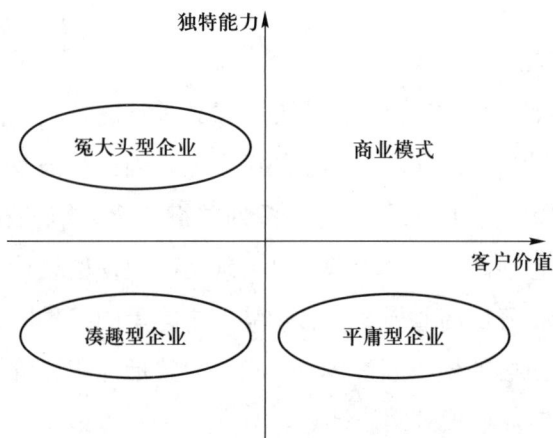

图 5-4-1　商业模式的二维模型

从图 5-4-1 中我们可以得知，形成独特的商业模式的企业存在于第 1 象限中，但在现实中大部分的企业还只是处于其他三个象限，真正位于第 1 象限的企业是很少的。卡瓦萨奇的二维坐标系有效地展现了价值实现与企业特色对于构建商业模式的影响，但是企业都是以追求最大化为目标的，盈利维度也是二维坐标系所忽略的维度，因此，便有学者研究出了三维模型。

2. 商业模式的三维设计

后来的学者在二维设计的基础之上研究出了商业模式的三维模型（图 5-4-2）。即平面上的横坐标为客户价值，即企业为客户提供的产品或服务所带来的价值；纵坐标为盈利模式，即企业开展业务活动获得的收益；空间中的垂直坐标为资源与能力，即企业为实现客户价值并获得一定收益所需要的资源和能力基础。这个立体模型中的三个维度构成了商业模式设计的三个要素。

从图 5-4-2 中我们可以看到，企业在某一维度中的能力随着坐标轴的向外伸展而增强，因此，企业若要获得独特的竞争力，就要注意三个维度的平衡发展，要整合三个要素，实现企业利益的最大化。

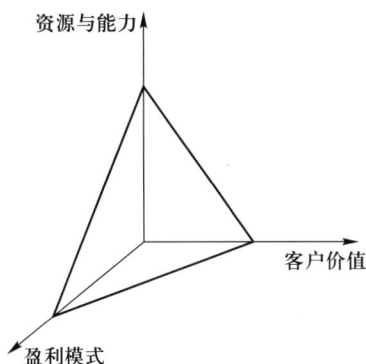

图 5-4-2　商业模式的三维模型

（三）基于商业模式结构分维设计的分析

1. 与众不同的客户价值主张

每个企业在初建时都要解决客户为什么要选择本企业的产品和服务的问题，尤其是当市场上有很多竞争者时，企业更应该去思考这个问题。若要解决这个问题，企业就要有自己独特的商业模式，为客户提供与其他企业不同的更加独特的产品。

2. 企业的资源和能力

从理论上来讲，企业只有拥有了有吸引力的客户价值主张后，才可能去寻求与之相匹配的资源和能力。一般来讲，创意能否转化为实际的利益，资源和能力是非常重要的。如果企业没有足够的资源去支撑创意，那么机会可能会变成其他创业者的。有效的商业模式是创业者在做出一次又一次的应急反应之后再进行思考的结果。

3. 盈利模式

企业的最终目标就是盈利，因此具有一个持续盈利的盈利模式至关重要。现代零售业的主流盈利模式是连锁经营，即企业的规模化发展。这是众多零售企业为了适应越来越激烈的市场竞争而做出的反应，许多企业都实施这种盈利模式并且从中获利。连锁经营有很多的优点，在一定程度上，规模化地经营能够有效地分散企业经营带来的风险和挑战，还能够让企业在规模化经营中提高产品流通效率与品牌知名度，对于应急事件的反应也能更加及时，能够为企业带来更多的收益，提高盈利能力。

扩展阅读：

洗衣店的商业模式进化

很难想象，我们的身边会有这样的一家洗衣店，为我们提供衣食住行、娱乐、家政、医疗等领域一站式上门的生活服务，也可以说它是一个贴身管家，为我们做这些事情：深夜的生活必需品送达，接送孩子上下学，订票，订宾馆，订旅行社，挂号，跑腿，排队，买菜，做饭，做清洁，洗好衣物并送到另外一个城市。

1. 起步的传统洗衣店

广东人卢志基当过公务员，开过酒楼，做过批发商，甚至还当过出租车司机。20世纪90年代末，一次偶然的机会，卢志基发现不少在广东工作的香港商人经常大包小包地将名牌衣物带回香港洗涤，洗完之后又大包小包地带回来，这让他萌生了开连锁洗衣店的想法。1991年，他开设了自己的第一家洗衣店，也是仿照比较普遍的传统洗衣店模式，前厅接衣服，后厅洗衣服。由于经验不足他时常洗坏客户衣物，由于利润低和前期投入大等，生意一直做不大，门店也没开几家。

2. 洗衣店更像"收衣店"

由于业务扩展缓慢，卢志基便出国考察了美国、日本、欧洲等国家和地区的相关行业，最后借鉴了日本洗衣店连锁经营的模式。1993年，他投资1 000多万在广州郊区建立了一个占地两万多平方米的中央工厂，配备专业技术人员和多种洗涤剂。依靠"中央工厂+洗衣店"的运作模式，洗涤环节被放到了客户看不见的中央工厂终端店，洗衣店无须再配备近百万元的洗衣设备和技术人员，成了一家洗涤、养护衣物的收发站，规模迅速扩大到了几十家门店，并且还建立了运送衣物的车队。

3. 洗衣店也是"便利店"

1999年，广州开建地铁，卢志基决定入驻，拿到了在地铁沿线设立洗衣连锁店的独家授权，2000年还通过了ISO9000认证。为了提高洗衣质量和降低使用进口洗涤用品成本，卢志基投入上千万元，从意大利引入日化生产线，并结合广东本地水质情况改良，自主研发出20多种洗涤剂，可以清洗衣物的各种污渍。但是由于地铁刚开通时人流量少于预期，顾客还没有形成消费习惯，加之广州夏天的几个月均为淡季，洗衣店连续亏损。经过一番调研，卢志基调整了业务战略，开始销售自营的洗涤用品，此后自营的洗涤用品收入稳定在总收入的30%左右。受此启发，卢志基陆续引入了地铁卡、手机充值卡、景点门票、飞机票、电影票、彩票等产品的销售，非主营业务利润占到利润总额的50%。

4. 洗衣店也是"快递公司"

2004年信息化系统上线，通过营业数据分析，他居然发现非主营业务的增长可以带动洗衣主营业务30%以上的增长。卢志基将"天天洗衣"未来战略定位为连锁便民服务点，实现了门店服务。附近区域上门服务，拓展了长途汽车票销售、代缴费、生活必需品零售等业务，他也开展了快递代收发业务，快递公司可以直接面向洗衣店收发包裹。顾客只需要到洗衣店收发包裹或邮递员上门收发，这提高了快递公司效率的同时，也更加方便人们收发快递。另外他还和一些品牌合作，店员通过附送宣传单，向顾客推广土鸡、土鸡蛋、有机大米等产品，如果有顾客下单，订单就直接转交给供应商，供应商负责送货到家，"天天洗衣"赚取提成。主营业务也拓展到了家私洗护、衣物染色、奢侈品衣物保养、贵重衣物保险和洗衣快递等业务。特别是洗衣快递，由于和第三方快递公司结为联盟，出差的客户便不必等衣服洗好或是带着脏衣服上路，在另外一个城市的"天天洗衣"便可以取回洗好的衣服了。

5. 洗衣店还和"电子商务"沾边

由于社区老年人较多，营业收入较少，随着电子商务的迅猛发展，"天天洗衣"再度调整战略，保留了化妆品和保健品的销售代理业务，并且与优点购物、第三方物流公司建立联盟。优点购物负责供应商管理，"天天洗衣"负责线下社区推广，物流公司负责配送。三家公司从总体利润分成，"天天洗衣"在2010年实现营业收入6.7亿元，主营业务收入约为7000万元。此时的"天天洗衣"已经可以将衣物加上条形码，经过扫描在ERP系统中进行管理，这已经是"天天洗衣"第五次尝试商业模式创新了，此阶段的管理水平也有了较大改善。

6. 万能的"洗衣店"

面对新的发展和机遇，"天天洗衣"从最初的连锁店开始一路演变，成为便利店、快递公司、社区服务站，并不停地完成着进化，目前踏上了挑战第六次商业模式创新的道路。在新战略中，"天天洗衣"将拓展300家以上门店后进行资本运作，从而广泛开拓全国的市场。业务上"天天洗衣"提出了打造"一站式社区服务中心"的概念并加以实施，已建立完成了与家政公司的合作联盟，未来还将拓展社区代购、医院挂号排队等跑腿业务，以及酒店预订、旅游代理等业务。

"天天洗衣"在这20年的发展中，通过对商业模式的优化和创新，为自身找到了一条发展之路。在其清晰的战略指引下，独特的商业模式帮助企业不断挖掘客户的隐性需求，并且为与其合作的其他企业建立了相对稳固的生态系统，从而帮助企业持续获得业务的核心竞争力。显而易见，"天天洗衣"商业模式的进化和创新之源来自于进取开拓的企业文化，以及源源不断、时刻挖掘客户需求的众多门店。

思考：

1. 当前我国农村经济结构正在发生哪些变化？针对这种变化，你认为有什么创业机会？

2. 请观察校园周边，你认为有什么创业机会？

第六章
创业资源的整合

如果没有将国外的先进技术引进来，那么我们就要从头开始经历艰难的探索之路；如果没有走出国门，那么国内的很多技术都会止步不前。实践表明，只有坚持走出去和引进来，世界经验为我所用，中国方案推而广之，改革开放张开双翼，中国经济才能实现一次又一次腾飞。

技术、资金、信息是创业和发展所需的三种直接初始要素。在开发机会并且推动创业机会发展的过程中，创业者所掌握的资源起到关键性作用，尤其是能够为企业带来持续的竞争优势的战略性资源。成功的创业者往往具有整合决定性资源并将它们的价值发挥到最大的能力，因此，创业资源整合的重要性不言而喻。

第一节　你的资源准备充足吗？——创业资源概述

一、创业资源的内涵与类型

（一）创业资源的概念界定

资源是创业活动顺利开展的必要保障和先决条件。从管理的角度来看，根据知识和信息搜集的各种生产要素，资源可以分为无形资源和有形资源；从经济角度来看，资源是投入到生产线并可以产生商业价值的要素；从组织战略的高度来讲，资源是指用于执行组织愿景而搜集使用的所有物质和无形资源。研究人员从不同的角度定义了资源，表 6-1-1 是本书对不同研究者对创业资源定义的整理。

表 6-1-1　创业资源的定义

研 究 者	定 义
Cave（1980）	指为了实现创业目标而在整个创业过程中运用的各类有形资源与无形资源的总和。
Wernerfelt（1984）	指在创业活动中投入的各类有形资产与无形资产。
Hall（1993）	指创业所依赖的有形资源与无形资源的合集，并进一步将无形资源分成资产形态与技能形态这两类。
Dollinger（2003）	指创业组织在其活动中投入的各种要素及要素组合。
林嵩，张帏和林强（2005）	指创业型企业所拥有或者所能够支配的可实现其生存与发展战略目标的因素，包括资产、能力、组织结构、企业属性、信息、知识在内的各种要素及要素组合。
李宇（2009）	指创业企业在创业全过程中先后投入和利用的内外部各种有形与无形的资源总和，是创业所依赖的重要资本。
刘霞（2010）；Grande，Madsen 和 Borch（2011）	指创业企业在创业过程中先后投入和利用的各种物质、能量和信息的总称，它作为一种特殊的资源，既有所有资源都具备的有利用价值、能为企业创造价值、体现企业竞争力等共性特征，也具有一个突出的个性特征——它是创业者捕捉创业机会与制定创业战略的基础。

来源：根据相关资料整理。

根据之前的研究人员的说法，创业资源是创业企业拥有或整合的各种有形和无形要素以及要素的组合。其中，"拥有或整合"描述了获取和使用创业资源的手段；"有形和无形"解释了创业资源的存在方式；"要素和要素的组合"是从创业公司如何创造价值以及投入和产出的角度出发的。

（二）创业资源的分类

有关创业资源的分类，研究者们从不同的研究视角进行了类型划分，如表 6-1-2 所示。

表 6-1-2　创业资源的分类

研　究　者	分　类
Ansoff（1965）	从资源角度将创业企业资源分为人力资源、财力资源和物质资源。
Barney（1991）	在一般意义上可划分为物质资本资源、人力资本资源、组织资本资源。
Timmons（1999）	可分为核心资源、基础资源、其他资源，核心资源与基础资源是生存型企业所必需的，其他资源积累的越全面，创业成功的可能性也就越大。
Ardichvili（2000）	创业企业资源包括物质资本、人力资本、财务资本及社会资本。
朱炎（2000）	创业资源包括自有资金、亲情资金、关系资源、技术产品。
雷家骕和冯婉玲（2001）	创业资源要素主要包含：有望成功的商业计划；设立企业和起步要求的资金；起步项目依赖的技术与人才；技术、行业、市场及政策信息；社会联系；营销网络。
林嵩（2007）	创业资源可分成资金资源、人才资源、管理资源、信息资源、科技资源及政策资源。
姚梅芳，黄金睿和张旭阳（2008）	基于 Timmons（1999）的研究，也划分为核心资源、基础资源、其他资源，并进一步将核心资源分为人才资源、管理资源及技术资源，将基础资源分为资金资源及场地资源，将其他资源分为政策、人脉、信息、行业、品牌及文化资源等。
李宇（2009）	基于 Ardichvili（2000）研究，从企业内部与外部、资源的有形与无形两个角度将创业资源分成要素资源和外部网络资源两大类。
刘霞（2010）	创业资源可分为实体资源、财务资源、人力资源、知识资源、社会网络资源。

来源：根据相关资料整理。

根据资源基础理论，常用的创业资源可以有如下分类。

1. 按性质分类

按照性质，创业资源具体可以分为七种类型：货币资源、技术资源、人力资源、物质资源、组织资源、行业资源及政府资源。

货币资源。资金对于初创企业来讲是必不可少的，有了足够的资金和正常流动的资金链，企业才能够成功运行。在创业初期，企业需要筹集到足够的货币资源。

技术资源。技术资源包括关键生产技术、生产制造流程、操作系统、特殊生产设备等。一般来说，技术资源包括三个阶段：第一，根据自然科学和生产实践经验开发的各种生产技术流程、加工方式和劳动力技能；第二，生产工具和其他相应的材料和设备，用以将这些流程、方式和技能变为现实；第三，有效组织和管理生产系统中所有资源的知识、经验和方法。创业公司成功的核心首先是找到高效的创业技术，它是决定创业企业市场竞争力和创业产品盈利能力的基本因素，所需创业资本规模的大小取决于关键的创业技术。

人力资源。企业最关键最核心的竞争力是人，人力资源既包括整个创业团队的经验和能力，也包括每个团队成员的经验、专业能力、判断力和社会关系。企业若想在如今激烈的市场竞争中脱颖而出，就要考虑到人力资源，并充分利用各种激励奖惩制度，提高企业中人的价值。

物质资源。物质资源与无形资源相对应，是如同生产设备、生产材料等企业生产必不可少的有形资源。如果一些企业生产需要自然资源，那么其也可以被称为物质资源。

组织资源。组织资源通常是指公司的正式管理系统，包括其组织结构、运营流程、信息通信、规范流程、决策系统、质量体系和正式或非正式规划活动。其中组织结构是一种无形的资源，可以区分组织与竞争对手。那些可以将创新与生产职能分开的组织结构将会提高企业的创新能力，那些可以将营销与生产职能分开的组织结构将会提升企业的营销能力。除此之外，个人能力也可以用来体现组织资源，这就是上文中所讲的人力资源。

行业资源。行业资源主要是指企业所处的特定行业内的各种关系，如行业竞争对手、供应商、经销商、客户、行业管理部门、技术研究机构、行业协会、行业杂志、行业展览会等，这些关系对创业的成功非常重要。企业可以与同行或者是处于上下游的其他企业通过战略联盟或行动交流整合资源，以便在其他方面互补互利，在内部相互支持，并在外部合作竞争。对于这种方式，通常有几家创业公司作为核心，共同推动一群创业公司形成一个共同的利益圈。

政府资源。一个站在政策顺风口的企业必定可以乘风破浪，因此，政府的资源对于企业的发展至关重要。政府会针对创业企业发布积极的财政政策、减税降费政策、人才扶持政策等，如果创业企业可以适时迎着风口前行，那么企业更容易享受时代的红利，获得长足的发展。

2. 按存在方式分类

按照存在方式，创业资源可以分为有形资源和无形资源。

有形资源通俗来讲，就是可以看得见摸得着的，可以用金钱来衡量的资源，比如厂房、生产设备、矿石等。

无形资源恰恰相反，就是看不见摸不着的，难以用金钱来衡量的资源，比如企业的品牌形象、人力资源、社会关系等。无形资源虽然无形，但是却能推动有形资源发挥更好的作用。

3. 按重要程度分类

按照重要程度，创业资源可以分为关键资源和基本资源。关键资源主要是企业区别于其他企业所拥有的具有独特竞争力的资源，如关键技术、核心人才等。基本资源即企业生产经营所必需的资源，比如厂房、原材料等。

4. 按参与程度分类

按照资源的参与程度，创业资源可以分为直接资源和间接资源。直接资源是企业中可以直接参与日常生产经营活动的资源，比如人力资源、资金资源等；间接资源并不直接在企业的生产经营中起作用，而是支持企业的创业活动，如政府的支持政策等。

5. 按来源分类

按照来源，创业资源可以分为内部资源和外部资源。内部资源即创业企业自身就拥有的资源，比如财务资源、技术资源等；外部资源是企业从外部的环境中所获得的资源，比如从证券市场筹得的资金、从原料商筹得的生产原料等。

扩展阅读：

高技术创业所需资源

大量团队和企业的创业实践表明，高技术创业活动离不开五类资源。

1. 理性的创业计划

创业需要有计划，若无理性的创业计划，创业将无法凝聚团队、吸引他人加盟、获取他人投资，更无法走向成功的彼岸。故理性的创业计划无疑是一类重要的创业资源。其深层次的原因是，创业计划提供的是关于某项创业活动的较为集中的知识与信息，有助于创业相关者的信息沟通与相互学习，也有助于减少创业计划的搜索成本及创业过程的搜索成本。

2. 设立企业和项目起步要求的资金

没有资金无法创业。不少创业者往往因设立企业和推动项目起步所需资金的缺乏而举步维艰。即便一些创业活动已经开始，也常常因为资金短缺而难以为继。一般而论，创业者甚至新创企业未必能迅速从市场上筹集到所需资金，这时准备足够的自有资金，力争起步后能够坚持一段时间，同时多方融资就显得格外重要和必要。

3. 项目起步依赖的技术

新创企业是否掌握创业所需的核心技术，是否拥有技术的所有权，决定着创业的成本以及能否在市场中获得主动地位。典型的是，国外软件能在中国很快汉化，关键就在于不少企业掌握了软件汉化的核心技术。一些科研机构和高校的创业者获得资金后能迅速创业，关键也在于他们拥有或控制了创业所需的技术。

4. 项目起步和持续发展依赖的人才

高技术创业需要持续的技术支持，而技术最终是要靠人掌握的，故是否拥有掌握核心技术的人就尤显重要。典型的是，联想个人电脑、方正排版系统能风靡中国市场，皆与他们拥有掌握本产品领域核心技术的人才有着重要关系。

5. 技术、行业、市场及政策信息

正确的决策需要及时而完备的信息，因此，及时并足量地获取有关技术、行业、市场及政策信息，是创业者正确决策的基础，也是适时调整创业思路的基础。在千变万化的市场中，在随时需要探索的创业活动中，创业者如不能及时并完备地获得这些信息，就必然如盲人摸象，四处碰壁。

选编自：雷家骕，王兆华. 高技术创业管理［M］. 2 版. 北京：清华大学出版社，2008：92-93.

二、创业资源的形成及作用机制

上文讲述了创业资源的定义及相关的分类，那么，创业资源到底如何发挥作用呢？大部分研究者认为，市场配置资源的基础作用和创业过程的规律

性共同决定着创业资源发挥作用的方式。下文将介绍创业资源的形成及作用机制的相关问题。

（一）纠错机制

在企业的初创阶段，企业会遇到各种各样的难题，也会走很多弯路，这是企业对市场不断进行摸索的过程，因此及时发现错误并进行改正至关重要。创业者要敏于发现错误、敢于纠正错误并善于从错误中汲取经验，同时，创业者也应该从其他企业的发展案例中获取经验，以便在下一次发展中能够取得更大的进步。

（二）溢出机制

对于一些发展顺利的企业而言，他们的经济活动不仅会给本企业带来影响，也会给其他企业带来影响，这种影响大多表现在无形的资源中。比如一个地区创业成功的人越多，那么就越能鼓励其他的人进行创业活动，从而形成一种良好的创业文化氛围。若成功企业拥有过剩的资源，为了寻求经济利益，该企业可能就会将资源出租，进而实现这些资源的价值。

（三）带动机制

一个地方聚集的成熟企业越多，那么这个地方就会产生越多的生产生活资料的需求。此时，初创企业便可以为成熟企业提供他们所需的资料、技术等的需求，而成熟企业也可以帮助初创企业获得市场优势，初创企业再将这种资源转化为自己的创业资源，这便是成熟企业的带动作用。

（四）分享机制

在一些创业资源聚集的地区，一些企业和组织机构的扩张会向市场提供更多的资源。若创业企业处在这些地区，就能享受到这些过剩的资源，为自己的发展提供帮助。

（五）吸引机制

创业环境的好坏对创业企业所获得资源的好坏有一定的影响作用，一个好的创业环境能够吸引更多创业资源的聚集，从而吸引更多创业企业来这里发展，并使这个环境里的创业资源得到充分利用。

目前的创业资源形成机制大多侧重于环境资源的形成，资源由外界环境提供，创业者处于一个被动者的地位，创业资源并不是创业者主动建构的结果。如何让创业者通过行动获取创业资源仍是一个需要我们思考的课题。

三、影响创业资源获取的因素

在识别创业资源的基础之上获取创业资源即资源的获取。创业资源影响着企业的创业计划是否能够充分地实施，是创业计划由设想转化为实际的关键所在。创业取向、商业创新价值、资源配置方式等因素都会影响创业资源的获取和企业的组织形式。

（一）创业取向

创业取向是导致一系列创业行为发生的创业态度或意愿。通过促进机会的确定和实施，创业取向促进了创业资源的获取。因此，创业者必须时刻关注创业取向的实施，充分关注影响创业取向形成的重要因素，如企业家的特点、组织文化和组织激励，采取有效手段获取创业资源，在资源的动态获取、整合和使用过程中注意区分不同的资源，并充分发挥它们相互推动的作用。

（二）商业创新价值

创新是企业永葆生机的动力源泉，为企业的资源获取提供了保障。只有当资源拥有者认可创业企业所做出的创新时，才有可能为其提供相关资源，因而，创业者才更有可能得到自己稀缺的资源并且取得成功。

（三）资源配置方式

不同的人对于同一种资源可能会有不同的认知，这也是由资源本身的特点所决定的。在市场交换中，资源可能会因为人们认知的不同而在交换过程中产生阻碍。因此，创新资源利用效能对于满足资源拥有者的期望至关重要，这样资源才有可能从拥有者手中转移到创业者手中。

（四）创业者管理能力

创业者作为企业的领导人物，其管理能力对于资源的获取至关重要，是企业软实力的体现。创业者管理能力可以从多方面体现，比如协调能力、沟通能力、行政管理能力等。一位能力卓越的管理者，不仅可以为企业带来资源，还能够帮助企业蒸蒸日上。

（五）社会网络

人们身处社会中，不可避免地会形成一个稳定持久的社会网络。创业者在其所在的社会网络中的地位直接影响到资源所有者对其的了解和判断。一个处于优势地位的创业者，有着较好的社会网络基础，对于创业资源的选择就有一定的主动性，传达给资源所有者的信号也是积极的，因此此类创业者更容易获得资源所有者的信任，更可能得到自己所需要的资源，也更容易在资源中有针对性地选择更好的资源，从而为自己的创业计划打下资源基础。

除了上述五种因素之外，创业资源的获取也会受到创业者自身对资源的辨识能力和外部环境的影响。

四、创业资源获取的途径

当前获取创业资源的途径主要有两种：市场交易途径和非市场交易途径。若创业企业所需要的创业资源能够从市场上较为容易地获取，或者有其他可获取的资源进行替代时，就可以通过市场交易的途径来获取；但是当一些资源在市场上难以获取时，就可以通过非市场交易的途径来开发获取。

（一）市场交易途径

通过市场交易来获取资源的途径有购买和联盟两种方式。购买指的是钱货两清的交易，创业企业利用资金从市场购入所需的资源，可购买的资源有厂房、生产设备、专利技术等。联盟是指通过与其他组织或者企业达成共识，联合开发一些创业资源，起到优势互补的作用。通过联盟，企业获得显性知识的同时也可以获得隐性知识。

（二）非市场交易途径

非市场交易途径可以分为资源吸引和资源积累两种方式。资源吸引顾名思义，即企业利用自身良好的信誉形象或者是创新性的创业计划来帮助企业吸引创业所需的各种资源，如人力资源、生产资源、技术资源等。资源积累即企业通过培育现有的资源而得到所需的资源，如企业内部培训员工、自主开发新技术、自建厂房设备等。

在创业的整个过程中资源的重要性不言而喻，尤其是在创业刚开始的时候。企业可以通过市场途径或者非市场途径来获取资源，那么如何选择呢？这就涉及资源的可用性和所带来的收益等因素。如果企业的创业计划快速开发能够为企业带来较大的竞争优势，那么快速地从外部购买可能更佳。但总的来看，为了降低企业可能会面临的风险和挑战，同时通过多种途径获取资源是更好的选择。

第二节　融资是一门学问——创业融资

面对日益严峻的就业形势，越来越多的大学生为谋求更好的发展走上了自主或被动创业的道路。党的二十大报告指出，要完善促进创业带动就业的保障制度，支持和规范发展新就业形态。党的十八届三中全会指出，要加大对大学生创业的扶持力度，解决大学生在创业过程中遇到的融资难、办事难的问题，为大学生创业者提供高效优质的服务，以期形成政府激励创业，高校联合创业，社会支持创业，营造大学生乐于、敢于、善于创业的激励型软环境。大学生创业就是大学生对自己拥有的或通过努力能够拥有的资源进行优化整合，从而创造出更大的经济价值和社会价值的过程。

大学生通过自主创业，践行了我国促进创业带动就业的方针政策，同时促进了我国的经济发展。但是目前，大学生自主创业中依然存在着很多不容忽视的问题，其中最为显著的便是融资问题。大学生由于经济实力不够强，创业过程中的资金流很容易中断，从而导致企业难以为继。因此，大学生自主创业的融资问题急需解决。

一、大学生创业融资的特点

企业在运营和发展中，必须以自身的生产和运营的状况、资本拥有、未来发展目标为基础，通过合理的决策方式，通过某些渠道从公司的投资者或债权人那里筹集资金，并组织投入资金的使用以确保企业的生产和经营。创业融资是指创业初始阶段的融资。作为企业的重要力量，资金对新企业至关重要，也必不可少。创业融资是企业家为生存和发展目的筹集和使用资本的活动。创业企业的融资行为是创业融资的研究课题。具体而言，在存在融资风险的情况下，如何获得资金并最大限度地降低资金成本，以最大限度地提高创业企业的价值，是值得深入思考的。不同的商业融资行为形成了不同的融资结构，企业融资结构反映了创业融资行为的合理性。创业融资的特点如下。

首先，融资需要外部市场。初创企业还没有雄厚的积累资金的能力，因此，难以支撑在创业技术创新方面的高投入，此时从外部市场融资是不可或缺的途径，比如证券融资或银行融资等。

其次，融资渠道需要多元化。初创企业在发展过程中，会遇到很多难以预料的阻碍和风险，这些都有可能导致企业资金的不足，因此，企业需要从多种渠道融资，并且以不同的方式融资，以满足企业多样化的融资需求。

最后，融资需选择不同的组合方式，因为不同的融资方式有不同的融资风险。在不同的发展阶段，创业企业面临着不同的技术创新风险，投资者的投资风险也不同。只有在融资过程中结合不同的融资方式，企业才能将其融资成本降至最低，提高资金使用效率，并根据企业日常生产和运营所需的资金覆盖范围分散和降低公司风险。然而，作为一个特殊的融资主体，大学生创业正处于创业融资的初始阶段，运营仍不成熟，相比之下有很多缺点需要改进。

二、大学生创业融资的渠道

国家对大学生自主创业提供了越来越多的优惠政策，更多的大学生在毕业后加入了大众创业的浪潮中，资金作为创业的基本需求，极大程度上制约了创业企业的发展。那么大学生在创业过程中有哪些融资渠道可供选择呢？

（一）政策基金

对于创业者来说，政府提供的政策基金通常被高度重视，因为政府作为投资方，其信用自然是可靠的，并且利率一般为零，在一定程度上降低了初创企业的成本。但是政策基金也有其缺点，即申报要求往往非常严格，同时竞争非常激烈，因此获得政策基金也不是很容易的。

尚德太阳能电力有限公司融资案例

2001年在澳大利亚度过了14年留学和工作生涯的施正荣博士，带着自己10多年的科研成果回到家乡无锡创业。当无锡市有关领导得知施正荣的名声，和他的太阳能晶硅电池科研成果在国内还是空白时，立即拍板要扶持科学家做老板。在市经委的牵头下，无锡市政府联合当地几家大型国企投资800万元，组建了无锡尚德太阳能电力有限公司。有了政府资金的鼎力支持，尚德公司有了跨越式发展，仅仅3年时间销售额就已经过亿元，成为业界明星企业。

（二）亲情融资

创业者在初创企业时，资金较多地来源于亲朋好友的筹措。这具有风险小、成本低的明显优势。但是这种方式也有缺陷，如果创业者因为经营不善或者经验不足等各种问题使企业蒙受巨大损失，亲友不仅要承担资金风险和损失，甚至还会影响双方的感情，最终使双方之间丧失信任。

（三）金融机构贷款

创业企业在发展到一定的规模后就需要融入更多的资金，这时向银行借款是很多初创企业的选择。银行财力雄厚并且信用有保障，并且企业若经营良好，到期时可以继续贷款。银行借款可以在税前抵扣利息支出，可降低企业的融资成本。但是缺点也很明显，若企业经营不好，就可能会引发企业的债务危机，提前抵押的担保品也会被银行收走；另外，申请银行贷款的手续繁杂，往往需要通过各个部门的审批。因此，创业者如果要申请银行贷款，就要提前做好心理准备，保证每一步都有序正常进行。

李茂青：小额担保贷款助公司突破瓶颈

2005 年，正在读大一的李茂青揽下了中国网通石家庄公司在校园内销售小灵通的活儿，经过宣传推广，他第一次赚到了钱。之后，他并没有被首战告捷的喜悦冲昏头脑，而是认识到，自己策划推广的活动也能成功。这次成功的销售经历，让他燃起了创业的激情。

从大二开始，李茂青便开始琢磨开公司的事。他和几位好伙伴一拍即合，几个人靠节假日打工、奖学金等凑齐了 3 万元的启动资金，靠系里免费提供的办公场地解决了房屋租赁问题，"石家庄行天下文化传播有限公司"诞生了。

初次创业，他是靠打工积累了创业资金。在第二次创业时，李茂青选择了申请小额担保贷款。"一个好的创业者应该善于运用各种资金条件，"李茂青说，"2009 年我到省会劳动就业服务局进行了咨询，申请了 5 万元贷款，省小额担保贷款管理中心为我提供了担保。"有了小额担保贷款，李茂青很快为新项目上齐了配套设施，迅速打开了省会市场。目前，他的咨询公司已拥有了省会怀特集团等长期合作客户。

"很多人认为申请贷款的门槛有点高，但我认为这是有必要的。"李茂青说，"对于创业者来说，申请贷款毕竟有风险。创业者一定要先认清自己的还贷能力，这样才能提高申请贷款的成功率。"

（四）高校创业基金

大学在大学生的创业初期起着激励和推动的作用。大多数大学都会投入适当的资金以鼓励学生去尝试着创业。高校创业基金的优势在于，以这种方式筹集到的资金对大学生更有利，缺点是基金规模小，支持范围有限。

（五）天使基金

天使投资是自由投资者和非官方风险投资机构对指定的原始项目和小型初创公司的独特初始投资。优点是私人资金的投资程序相对容易，资金速度很快，申请标准也很低。缺点是许多个人投资者在投资时总是想拥有初创企业的股票，因此他们与企业家很容易发生冲突。

（六）风险投资

风险投资是一种结合融资和投资的新投资方法。这意味着企业家要将一部分股票出售给风险投资者，以获取业务发展和市场发展的资金。随着公司获得了一定规模的增长，风险投资者就出售其所购股票，以得到更多资金并去完成下一个投资周期。许多企业家在公司的早期阶段使用风险投资。风险投资的优点是更有利于科技含量高，业务模式管理创新，现金流稳定和发展迅速的项目融资，缺点是对融资项目的要求很高，因此许多融资项目受到限制。

学生创业第一人，成绩斐然却很冷静

田宁素有"大学生创业成功第一人"之称。田宁曾获得"中国电子商务杰出贡献人物"称号，并连续三年作为全球成长型领军企业家代表，出席夏季达沃斯论坛，跟随国家领导人先后出访秘鲁、新加坡、日本。

1999年，还是浙江大学大三学生的田宁，与两名同学凭着一腔热情和对IT行业的热爱，凑了10万元的启动资金，开始了草根创业之路。他们共同创建了浙江大学首家在校大学生企业——浙江大学计算机网络技术有限公司，即大家熟知的浙大盘石电脑，从事计算机销售。2004年11月浙大盘石电脑成长为浙江省排名前几位的计算机公司，田宁又转型升级，开辟了新战场——进军互联网广告行业，创建了盘石信息技术有限公司，致力于中小企业互联网广告全面解决方案。精准、定向的互联网广告传媒，帮助企业将其广告精准地传播给目标客户群。田宁说："当企业在高速发展阶段，诱惑纷至沓来时，尤其需要冷静的思考和观察，认清形势，脚踏实地，稳扎稳打。"

（七）合伙融资

寻找合作伙伴投资是另一种融资方式，根据"联合投资、联合运营、联合风险分担和利润分享"的原则，吸引单位和个人以投资的形式加入到合伙企业中。合伙融资的优点在于，它最大限度地促进了各种资源的使用和整合，提高了企业的声誉，合伙人能共同承担风险。缺点也显而易见，作决策的人越多，越容易有矛盾冲突，从而降低了工作效率。由于权利和义务的不平等，也可能引发合作伙伴之间的冲突，这不利于合伙企业的稳定性。

三、不同企业的融资方式

不同企业的融资方式不同，本书主要介绍制造业型企业、商业服务型企业、高科技型企业及社区型企业的融资方式。

（一）制造业型企业

制造业型企业的资金需求量一般而言较大，同时资金的周转速度也较慢，原因在于制造业型企业的复杂性。制造业企业需要购买各种各样的原材料、半成品及各种各样的生产设备，甚至在经营的过程中也会产生各种各样的费用，资金使用的范围非常广泛，因此融资量较大，相应的融资难度也更大。制造业型企业主要可以选择金融机构贷款或融资租赁等方式。

（二）商业服务型企业

商业服务型企业的资金需求量较小，资金的周转速度较快，原因在于商业服务型企业的开支主要是买卖商品的经营性开支，借款的周期较短，因此风险也较小。此类创业企业融资的最好方式是中小型的金融机构贷款。

（三）高科技型企业

高科技型创业企业由于有高科技作为支撑，承担高风险的同时也有高收益，很受风险投资公司、天使投资和科技型企业投资基金的青睐。风险投资公司在投资高科技型创业企业后可以获得该企业的股份，而在高科技型企业创业成功后，风险投资公司便可从股份升值中收回一笔不菲的资金。

（四）社区型企业

社区型创业企业具有一定的特殊性和社会公益性，比如社区的24小时便利超市、餐厅、家政服务等，这类企业很容易获得政府减税降费的支持，因此企业应更多地考虑申请政府的政策基金。

四、创业融资分类

目前，创业融资的分类主要有四种方式。

根据企业资金来源渠道的不同，创业融资分为外部融资和内部融资。外部融资是指企业从外部筹集的资金，包括金融资金、银行信贷资金、政府投资、非银行金融机构资金、外国资金等。内部融资是指企业通过内部的自我调整获得的资金，即企业成员筹集的资金，或公司在生产和运营一段时间后积累的资金。内部融资主要包括企业家的股权资金、亲朋好友的资金以及其他公司的资金。

根据企业在融资过程中是否有金融中介机构介入，创业融资可以分为间接融资和直接融资。间接融资是有金融中介机构介入的，创业企业通过中介来达成资金的筹集，比如持有资金的企业将资金通过购买债券、存款等方式提供给金融机构，金融机构将资金再以购买创业企业发行的债券或贷款等形式提供给创业企业。直接融资是没有金融中介机构参与的，资金持有企业与创业企业直接进行资金借贷，连接双方的是金融市场，如企业直接发行债券和股票，直接以资金形式进行借贷等都是直接融资。

根据融资资金的期限，创业融资可以分为短期资金融资和长期资金融资。长期资金是指期限超过一年的资金，包括股本、长期贷款、应付债券等。公司筹集的长期资金主要用于积累固定资产、进行长期投资或提前垫支长期流动资产，通常通过资本投资、发行股票、发行债券、银行的长期资产租赁等获得。短期资金是指期限至多为一年的资金，主要是为了满足流动资产的临时周转需求，如生产周转借款、流动资金借款、结算借款、卖方信贷、票据贴现借款、临时借款等。短期贷款融资的速度很快，这可以让公司快速获得运营所需的资金，而且在数量和时间上的灵活性都很强。此外，短期融资还可以降低公司的成本。短期借款的利率和成本低于长期融资。但与此同时，它也带来了很高的风险，公司必须在短时间内筹集资金偿还。若公司的资金调用不灵活，则可能无法在规定的期限内偿还本金和利息。

根据获得资金的不同方式，创业融资可以分为股权融资、债权融资、非债权非股权融资和混合融资。它们的区别如表 6-2-1 所示。

表 6-2-1 股权融资、债权融资、非债权非股权融资和混合融资的区别

	股权融资	债权融资	非债权非股权融资	混合融资
风险	没有付息和还款的压力，只需要支付给股东一定的股息，但股息不固定，所以风险较小	需要按期限还款付息，如果不能按期还款会给企业带来信用问题	不需还款，也没有股息压力，没有风险	存在信用风险，操作不当会涉嫌非法集资
对企业控制权的影响	入股的股东持有公司的股份，会削减原有创业者对公司的控制权	借款人与公司股权没有关系，所以不会对控制权产生影响	没有影响	股权方式下对企业控制权存在影响，债权方式下不对企业控制权造成影响
对企业的作用	增加企业的信用价值和信誉	可以为企业带来财务杠杆，借款产生的利息可以抵税	属于企业的营业外收入	降低企业的融资成本，分散融资风险

五、创业融资策略

（一）结合创业发展阶段，选择合适的融资方式

在种子期，新创企业的商机巨大且不断发展，同时也存在极大的不确定性，企业拥有的资源有限，创业资源也比较匮乏，使商机和资源之间存在一种不平衡的状态。高风险以及资产少使得企业难以获得外界的融资，尤其是银行贷款和其他公司借款，也不能进行抵押贷款和向其他公司担保借款。为此，萨尔曼和埃策尔提出的融资规律认为，处于创始期的企业融资，严重依赖于初始的内部融资和贸易融资。该阶段的资金需求量较小，所以内部融资就可以解决资金续期，主要有创业者的自有资金以及亲朋好友的借款等民间借贷，同时对于一些特殊项目还可寻求国家创业基金的资助。另外，一些富有创意或者特殊技术的项目可以受到风险投资商的青睐，从而获得风险投资资金。

在起步期，企业拥有更大的商机和更快的发展。该阶段，企业经过了种子期的积累获取了部分资源，因此在遇见商机之时，能够较快拿出已有资源并把握住机会。但是该阶段仍然处于企业创建的初期阶段，各个方面的发展仍然不足，获得的业务量也较少，企业的形象还没有建立起来，这个时期的重点就是加大独特技术的优势，拉开与竞争对手在技术上的距离，从而在所处行业内形成不可撼动的技术优势地位。此外，这个阶段积累的资金仍然不足，但是由于企业正需大量资金来扩大生产进一步打开市场，仅仅依靠个人进行筹资是有限的。企业这时应该通过融资租赁的方式来获得更多的资金以

保障企业后续的稳定发展。

在成长期，企业拥有了一定的规模，生产能力、技术稳定性、管理能力等都得到了提高，然而企业仍需要不断增强自身的创新能力，开拓更大的市场，因此这一阶段仍需要大量的资金投入。经过前期的发展，此时企业的成长性和收益性已经显现出来，同时企业也有了一定的资金积累，风险得以降低，可以获得外界的认可。因此，该阶段企业的资金主要来源于自身的留存收益、投资者的追加投资以及银行贷款。

进入成熟期之后，企业经营稳定，销售额和销售利润获得持续增长，管理也相对成熟，企业所面临的风险较小，获得外界的普遍认可，这一阶段企业的资金需求量相对稳定。因此，该阶段企业可以综合运用各种外界融资渠道，债权融资、银行贷款、股权融资都是很好的渠道。

（二）合理选择股权融资与债权融资

不同的企业因为自身发展的特点，在不同的时期需要债权融资和股权融资。更多的创业者在初创期偏好股权融资以刺激企业成长，当企业价值提升后，转而寻求债权融资。通常，在投资早期阶段，负债比出让股权更便宜，然而投资者愿意选择高风险高回报，所以股权融资是创业启动阶段最好的选择，尤其是在产品研发阶段。

新创企业在融资过程中需实施融资组合化，合理、有效地融资组合能够分散、转移风险，同时降低企业融资成本和债务负担。敏锐地观察和分析宏观经济政策、财政货币政策，了解国内外汇率、利率等金融市场信息，预测影响融资的各项因素，都是把握科学融资契机，做出成功融资决策的保证。

（三）创业融资需要注意的问题

1. 什么时候需要钱

确定了什么时候需要资金才能使企业在合适的时间筹集资金，以免企业错过任何市场机会，同时创业者要自备一定的创业资金。因此，企业需要对市场情况进行分析评估，以确定在什么时候进行融资并进行生产。

2. 需要多少钱

确定了资金的需求量才能更好地选择合适的融资渠道，从而使融资成本降到最低；另外还可以预防融资资金量过低或过高，融资太少就不能使本次的融资起到作用，而融资过多会影响到企业资金的使用效率。创业者可以利用定性或者定量的方法对资金需求量进行预测。

3. 需要什么样的钱

企业融资可能是为了日常经营的投入，也可能是为了增加固定资产，不同的用途影响着资金能够回收的期限。比如固定资产融资额大且融资期限长，而日常的运营比如生产需要，资金周转比较快，企业能尽快还款。因此，不同用途的资金决定着企业应该筹集什么期限的资金。

4. 是否愿意让投资者了解企业的秘密

这决定了企业与投资者的沟通程度，有些投资者为了了解项目是否值得投资，希望了解项目的更多信息，包括企业秘密，以确定项目的前景，如果创业者不希望投资者了解这些，可能会错过一些潜在的投资者。然而，如果创业者不想投资者了解企业秘密，就需要通过其他渠道使投资者对项目有着更深入的了解。

5. 如何看待自己的企业

创业者对自己项目或者企业的信心影响着其他人对项目的判断。如果创业者热爱自己的企业，对项目充满信心，就更容易让投资者信服。相反，如果创业者摇摆不定，投资者就会放弃该项目，而选择其他更好的项目。

思考：高利贷能贷吗？——从温州商人"跑路"引发的思考。

第三节　1+1>2——创业资源整合

导读1：

大学生做校园旅游代理营收百万

去年夏季从福州大学至诚学院毕业的林金培，如今已拥有 7 家实体门店、30 多名员工。今年 3 月，他和其他 3 所高校的 6 名大学生成立了一家投资公司，专注于做"高校中间渠道商"，"商家让利给我们，我们再让利给大学生，从中获取微薄利润"。该公司运营半年来，营业额超过800万元，利润近百万元。而这一切，都得从他大二时当在校学生代理说起。

1. 从代理校园旅游起步

期末到了，大家都忙于准备复习考试。我的校园旅游代理市场也开始进入淡季。掐指算算自己做这个学生代理也有半年多了，收获还不小。

去年10月，我花了两周时间在校门口察看，发现周末两天就有15辆旅游巴士从这里出团，按每辆车40人计算的话，就有600人出游。一个7 000多人的学校，周末就有近10%的学生出游，可见大学生旅游市场的潜力之大。

我想代理校园旅游市场应该不错，于是就上门找旅游公司谈。在校园占据份额最少的那家旅行社给我的返点最高，我决定给他们拉生意。

万事开头难。第一个星期，靠朋友的关系仅仅成交了一单。从第二周开始，我在校园贴海报、在路边发传单，课后挨个宿舍推销自己的"产品"，渐渐地有人开始主动联系我，并陆续接到一些集体出游的单子。其中2006级土木工程专业200人集体出游，是我接到的最大一单，单笔就赚了1 200多元。前两个月，总共接了20多单集体出游，有了6 000多元的收入，这也算是"第一桶金"吧！

这个学期初，我在学校成立了见习与创业协会，自任会长。我们的协会像是一支创业团队，设有市场部、网络部、宣传部，40多名协会成员平时参与旅游代理业务。在团队的共同努力下，不到半年时间就盈利4万多元，同时还增设了驾校报名项目。由于业绩飙升，原先聘我为校园代理的那家旅行社，一周前任命我为项目市场部经理。

2. 建立跨校区联盟销售团队

过去一年多，在代理旅行社产品的同时，我们还自行开发了适合大学生集体出游的户外项目，比如烧烤、登山、踏青等，并且在福州各大网站发布出游信息，以吸引其他高校的学生报名参加旅游。

由于业务不再局限在我所在的至诚学院一个学校，我们需要在各个学校设立代理点。今年暑假，我特地留在学校，和同学们探讨如何把本校的代理模式复制到福州的其他高校去，大家认为需要组建一个跨校区的联盟销售团队。

开学至今，我花了两个多月时间，通过联系各个高校创业协会负责人，总算建立了一支由13所高校组成的联盟销售团队。绝大多数学生对我们的项目感兴趣，但也有人表示怀疑。一般需要三五天的答疑和解释才能说服一所高校加入我们的销售团队。联盟销售团队成立之后，我们才从真正意义上将"中间渠道商"模式从单一高校发展到福州各高校。但是，从中我也发现了一些发展的瓶颈和管理的弊端，比如代理队伍不稳定，人员流动频繁，管理成本高；无固定办公场所，各高校利润结算困难，因分配而引发的小纠纷在所难免。这些问题需尽快着手解决，否则合作难以长久。

导读2：

"现代奥运会就是一种高级阶段的整合，它将奥运精神和体育竞技以'1+1＝11'的共赢模式来实现。奥林匹克运动包含4场公平竞争的比赛，即运动员、媒体、举办城市和赞助商，任何一场比赛的参与者都能享受另外3场比赛为其带来的巨大收益。所以，在奥林匹克模式中彼此将手中拥有的资源共享出来，就可以获得别人手中你想要的资源。"

因此，"方向相同，定位不同的两个'1'相加，可以获得更佳的结果，即'11'，最终实现合作伙伴各自利益的满足，并获得共同成长的机会。"

导读3：

"诸葛亮被大家喻为智慧的化身，他一生中的很多传奇故事都跟'借'字有关，借天时、借地利、借人和、借荆州、借东风、草船借箭……"诸葛亮在当时条件有限的环境下，充分利用了自然环境与人文环境的便利，成就了大业。这也是资源整合的智慧。"他借的都不用还，所以他是借又不是借，事实上他是在整合，因为整合是不用还的。"

反观现代企业的管理，最缺乏的恰恰就是这种"借"的智慧。

资源整合是指企业对不同类型资源进行识别与选择、汲取与配置、激活与融合，使之具有较强的柔性、条理性、系统性和价值性，并创造出新资源的复杂的动态过程。

整合并不是把单项资源简单加总，而是将经过筛选的所有企业资源有机结合地组建成一个有序的整体，使其获得"1+1＞2"的放大效应。企业拥有战略资源之后，只有对其进行有效的整合利用才能给企业带来持续的竞争优势，从而形成核心竞争力。

一、不同类型创业资源的开发

创业者获取创业资源面临的首要问题是，如何合理配置资源，为企业创造最大价值。创业资源中显性资源和隐性资源的性质不同，决定了其有效配置的方法也存在差异，其具体的开发方法阐述如下。

（一）显性资源开发

显性资源是指看得见、摸得着的人、财、物，其中人是关键因素，常见的开发方法如下。

变人为财。新创企业，资源匮乏，最大的财富为创业者本身。创业者的体力和治理能力实现了企业的资本原始积累。创业者辛勤的劳动可以积累财富，但是其智慧和情商带来的财富才是新创企业财富增值的源泉。创业者通过正确的决策和坚韧的毅力，才能实现事半功倍，财富快速增长。

变财为人。人是其他资源增值的首因，创业初期企业非常缺乏有用的人才，"得一良将得天下"是诸多企业快速发展的秘诀。高薪聘请业内专家，不仅能带来先进的管理理念，而且能人背后丰富的社会资源、客户资源都成为企业发展不可或缺的动力和源泉。因此，对人的投资要慷慨大方，配套以科学机制，充分调动人的积极性和潜力，可促进企业人、财、物各项资源的良好运行。

变废为宝。发挥人的主观能动性，充分利用原本被忽视的实物资源，不但可以产生实效，而且可以实现价值倍增，有效解决新创企业初期资源短缺的问题。

（二）隐性资源开发

隐性资源是指看不见但实际具有重要作用的政策资源、社会资源、信息资源等，具有无形性、独占性和时效性，常见的开发方法如下。

化无为有。隐性资源的无形性特点，要求创业者开发隐性资源的时候需要化虚无为有形，化无序为有序。例如，社会资源中客户资源的开发，在初步调查市场后，确定客户市场和客户名单，亲自去接触客户、说服客户，从而获得企业订单，化潜在客户为现实客户。

化私为公。隐性资源的独占性特点，需要企业在开发现有人才的时候，不仅要利用制度，保障其按时按量完成工作，更需要充分激发其创造热情，使其全力以赴完成挑战性工作，以最大化地开发其个人资源，并转化为企业资源。

化分为秒。隐性资源的时效性特点，对新创企业提出了争分夺秒的要求。创业商机稍纵即逝，需要企业的每位精英珍惜机会，利用有限时间，高效研发技术和开发客户，抢先一秒，获得先机，赢得企业竞争优势。

二、创业资源整合的途径

创意产业全球盛行，创意经济早就被视为新的经济增长点。在中国，从中央到地方发展文化创意产业的扶持政策陆续出台。2021年创业板开锣，一部分文化创意企业修成正果，实实在在地给了创意者无限的想象空间。在如日中天的创意产业中，创业者将取得更多创新和发展的机会。"三百六十行，行行出状元。"这句话套用到创业行业、领域的选择上也一样。创业不是投机，选择创业领域的标准是喜爱这个行业，在这个行业有感觉，不论多累，全部以之为乐！

思考：在文化创意产业领域，你有哪些可整合的资源？计划如何进行整合呢？

创业者能否成功创业，进而推动创业活动向前发展，通常取决于他们掌握和能整合的资源，以及对资源的利用能力。那创业资源整合的路径有哪些呢？

（一）善于发现资源

资源集成整合的前提是善于发现资源，及时发现创业所需的关于人力、客户、资金、技术、渠道等方面的资源。因此，培养善于发现资源的能力十分重要，在发现资源并准确分析这些资源后，要最大限度地提高其价值。

（二）明确目标

资源的整合需要明确创业目标，明确目标后拟定一个执行的计划，一旦对目标和原因了然于胸，知道为何去做，自然会找到做的方法和步骤，会产生强大且持续的推动力，且努力不懈地完成目标。

（三）学会拼凑

很多创业者都是拼凑高手，通过加入一些新元素，与已有的元素重新组合，形成在资源利用方面的创新行为，进而可能带来意想不到的惊喜。创业者可以通过自己独有的经验和技巧，加以整合创造。

（四）整合已有资源

整合已有的资源也是创业资源整合的途径之一。创业者在面对新的情况时可以通过整合已有的资源，创造性地使资源产生新的效用。这往往需要创业者对已有资源有一个清晰深入的了解，再根据具体情况对资源进行整合再利用。

（五）发挥杠杆效应

创业者要积极发挥核心资源的杠杆作用，通过利用其他企业的资源来补足自己的资源，以达到资源结构更新的效果，完成创业活动。

创造者在创业的过程中要逐渐学习创新性地整合已有资源的能力，并借此打造本企业独特的竞争优势，为企业今后的战略发展开发积累更多的资源。

三、创业资源整合的原则

（一）寻找尽可能多的利益相关者

市场利益相关者和非市场利益相关者是创业企业的两个利益相关者。市场利益相关者即与公司的经营运作相关的人，包括与公司相关的股东，内部和外部的员工，以及债权人、供应商、分销商、消费者和竞争对手；非市场利益相关者即企业所在的外部环境，包括地方政府、社会活动团体、媒体、公众等其他组织和机构。

（二）确定利益相关者的利益并找到共同利益

政府的利益是企业是否遵守相关的法律法规，是否积极响应政府的号召；员工的利益是企业是否提供了良好的工作环境，是否支付了合理的工资，是否有充分的晋升空间；股东的利益是企业的股价是否上涨，股息分配是否合理；消费者的利益是企业是否为他们提供了过硬的产品和令人满意的服务。每个利益相关者都有自己立场上的利益，只有平衡共同利益，各方之间的合作才能更加和谐。

（三）共同利益的实现必须通过双赢的体系来保证

在大多数情况下，利益相关者很难同时得到利益。企业家应该设计一种体系，让利益相关者感到胜利并优先得到胜利，使他们感受到创业者的诚意并进而继续合作。

（四）创业者和利益相关者要及时保持沟通

这是二者增进了解的重要方式，建立充分信任的关系可以为整合资源、增加利润和降低风险提供助力。

（五）创业者要善于创造性地整合资源

资源的创造性整合是大多数创业者成功的核心因素之一。当然，不只有创业者可以进行资源整合，个人在职业生涯的发展中也要注意资源的创造性整合。

第七章
创建新企业

第一节　创业有帮助——大学生系列创业扶持政策

作为有创业意向的当代大学生，你可能有很好的创业想法，也有合适的创业团队，更有不错的创业项目，但对于是否真正去创业，却有着很多顾虑。原因在于，你不知道在创业的初始阶段会遇到什么问题，该怎样去解决。实际上，为扶持大学生创业，国家和各级政府出台了许多优惠政策，涉及融资、开业、税收、创业培训、创业指导等诸多方面。对打算创业的大学生来说，了解这些创业帮扶政策，可以帮助你们走好创业的第一步。

一、金融扶持政策

就政策层面来说，当前各级各部门发布的扶持政策信息集中在两个方面。

（一）融资政策

为解决大学生创业所面临的资金难题，《国务院关于进一步做好新形势下就业创业工作的意见》规定，"支持创业担保贷款发展。将小额担保贷款调整为创业担保贷款，针对有创业要求、具备一定创业条件但缺乏创业资金的就业重点群体和困难人员，提高其金融服务可获得性，明确支持对象、标准和条件，贷款最高额度由针对不同群体的 5 万元、8 万元、10 万元不等统一调整为 10 万元。鼓励金融机构参照贷款基础利率，结合风险分担情况，合理确定贷款利率水平，对个人发放的创业担保贷款，在贷款基础利率基础上上浮 3 个百分点以内的，由财政给予贴息。简化程序，细化措施，健全贷款发放考核办法和财政贴息资金规范管理约束机制，提高代偿效率，完善担保基金呆坏账核销办法。"

在国务院办公厅《关于进一步支持大学生创新创业的指导意见》一文中，第六项第十二条明确指出，"落实普惠金融政策。鼓励金融机构按照市场化、商业可持续原则对大学生创业项目提供金融服务，解决大学生创业融资难题。""鼓励和引导金融机构加快产品和服务创新，为符合条件的大学生创业项目提供金融服务。" 这一政策在 2022 年教育部"普通高校学生自主创业政策公告"中也得到了体现和延续。

在这一文件中，同样有这样的规定，"充分发挥社会资本作用，以市场化机制促进社会资源与大学生创新创业需求更好对接，引导创新创业平台投资基金和社会资本参与大学生创业项目早期投资与投智，助力大学生创新创业项目健康成长。加快发展天使投资，培育一批天使投资人和创业投资机构。发挥财政政策作用，落实税收政策，支持天使投资、创业投资发展，推动大学生创新创业。"这一规定实际为大学生创业开辟了社会面的融资渠道。

（二）贷款和补贴政策

2017 年《国务院关于做好当前和今后一段时期就业创业工作的意见》规定，"加大政策支持。对首次创办小微企业或从事个体经营并正常经营 1 年以上的高校毕业生、就业困难人员，鼓励地方开展一次性创业补贴试点工作。对在高附加值产业创业的劳动者，创业扶持政策要给予倾斜。"并指定财政部、人力资源和社会保障部、国家税务总局等负责。

2022 年，在教育部的《普通高校学生自主创业政策公告》中提到，"（创业者）可在创业地申请创业担保贷款，最高贷款额度为 20 万，对符合条件的个人合伙创业的，可根据合伙创业人数适当提高贷款额度，最高不超过总额的10%。对10万元及以下贷款、获得设区的市级以上荣誉的高校毕业生创业者免除反担保要求；对高校毕业生设立的符合条件的小微企业，最高贷款额度提高至300万元，财政按规定给予贴息。"

"申请创业担保贷款贴息支持的个人和小微企业应向当地人力资源社会保障部门申请资格审核，通过资格审核的个人和小微企业，向当地创业担保贷款担保基金运营管理机构和经办银行提交担保和贷款申请，符合相关担保和贷款条件的，与经办银行签订创业担保贷款合同。"

在创业补贴方面，2022年，在教育部的《普通高校学生自主创业政策公告》中提到，"对在毕业学年有就业创业意愿并积极求职创业的低保家庭、贫困残疾人家庭、原建档立卡贫困家庭和特困人员中的高校毕业生，残疾及获得国家助学贷款的高校毕业生，给予一次性求职创业补贴。"

除了求职创业补贴，还有一次性创业补贴，"对首次创办小微企业或从事个体经营，且所创办企业或个体工商户自工商登记注册之日起正常运营1年以上的离校2年内高校毕业生，试点给予一次性创业补贴。"

二、企业注册登记

企业注册登记是创业的第一步，以下政策为大学生走好第一步铺平了道路。

2015年发布的《国务院关于大力推进大众创业万众创新若干政策措施的意见》明确指出，"深化商事制度改革。加快实施工商营业执照、组织机构代码证、税务登记证'三证合一''一照一码'，落实'先照后证'改革，推进全程电子化登记和电子营业执照应用。支持各地结合实际放宽新注册企业场所登记条件限制，推动'一址多照'、集群注册等住所登记改革，为创新创业提供便利的工商登记服务。建立市场准入等负面清单，破除不合理的行业准入限制。开展企业简易注销试点，建立便捷的市场退出机制。依托企业信用信息公示系统建立小微企业名录，增强创业企业信息透明度。"

2017年《国务院关于做好当前和今后一段时期就业创业工作的意见》规定，"优化创业环境。持续推进'双创'，全面落实创业扶持政策，深入推进简政放权、放管结合、优化服务改革。深化商事制度改革，全面实施企业'五证合一、一照一码'、个体工商户'两证整合'，部署推动'多证合一'。进一步减少审批事项，规范改进审批行为。指导地方结合实际整合市场监管职能和执法力量，推进市场监管领域综合行政执法改革，着力解决重复检查、多头执法等问题。"

2022 年，在教育部的《普通高校学生自主创业政策公告》中，再次提到了大学生创业者在企业登记注册方面，有关部门应当给予的支持，"简化注册登记手续：创办企业，只需填写'一张表格'，向'一个窗口'提交'一套材料'，登记部门直接核发加载统一社会信用代码的营业执照，'多证合一'。"

总体来看，国家对大学生创业的扶持力度越来越大，在行政审批层面产生了不小的变化。

三、税收缴纳

为减轻大学生创业企业负担，国家出台了一系列政策，为新创企业在税收缴纳方面提供扶持。

2015 年发布的《国务院关于进一步做好新形势下就业创业工作的意见》规定，"加大减税降费力度。实施更加积极的促进就业创业税收优惠政策，将企业吸纳就业税收优惠的人员范围由失业一年以上人员调整为失业半年以上人员。高校毕业生、登记失业人员等重点群体创办个体工商户、个人独资企业的，可依法享受税收减免政策。抓紧推广中关村国家自主创新示范区税收试点政策，将职工教育经费税前扣除试点政策、企业转增股本分期缴纳个人所得税试点政策、股权奖励分期缴纳个人所得税试点政策推广至全国范围。全面清理涉企行政事业性收费、政府性基金、具有强制垄断性的经营服务性收费、行业协会商会涉企收费，落实涉企收费清单管理制度和创业负担举报反馈机制。"

2021 年国务院办公厅《关于进一步支持大学生创新创业的指导意见》一文明确要求，"高校毕业生在毕业年度内从事个体经营，符合规定条件的，在 3 年内按一定限额依次扣减其当年实际应缴纳的增值税、城市维护建设税、教育费附加、地方教育附加和个人所得税；对月销售额 15 万元以下的小规模纳税人免征增值税，对小微企业和个体工商户按规定减免所得税。对创业投资企业、天使投资人投资于未上市的中小高新技术企业以及种子期、初创期科技型企业的投资额，按规定抵扣所得税应纳税所得额。对国家级、省级科技企业孵化器和大学科技园以及国家备案众创空间按规定免征增值税、房产税、城镇土地使用税。做好纳税服务，建立对接机制，强化精准支持。"

2022 年，教育部的《普通高校学生自主创业政策公告》明确指出，"持人社部门核发《就业创业证》的高校毕业生在毕业年度内创办个体工商户的，可按规定在 3 年内以每户每年 12 000 元为限额（最高可上浮 20%，具体由各省、自治区、直辖市人民政府根据本地区实际情况确定）依次扣减其当年实际应缴纳的增值税、城市维护建设税、教育费附加、地方教育附加和个人所得税。""对高校毕业生创办小微企业的，可按规定享受小微企业普惠性税费政策；创办个体工商户的，对其年应纳税所得额不超过 100 万元的部分，在现行优惠政策基础上减半征收个人所得税。"

四、创业服务

国务院办公厅《关于进一步支持大学生创新创业的指导意见》一文中提到的大学生创业服务政策有，"强化成果转化服务。推动地方、企业和大学生创新创业团队加强合作对接，拓宽成果转化渠道，为创新成果转化和创业项目落地提供帮助。鼓励国有大中型企业和产教融合型企业利用孵化器、产业园等平台，支持高校科技成果转化，促进高校科技成果和大学生创新创业项目落地发展。汇集政府、企业、高校及社会资源，加强对中国国际'互联网+'大学生创新创业大赛中涌现的优秀创新创业项目的后续跟踪支持，落实科技成果转化相关税收优惠政策，推动一批大赛优秀项目落地，支持获奖项目成果转化，形成大学生创新创业示范效应。"

在上面的文件中，同样提及面向创业大学生的信息服务政策。

一是"建立大学生创新创业信息服务平台。汇集创新创业帮扶政策、产业激励政策和全国创新创业教育优质资源，加强信息资源整合，做好国家和地方的政策发布、解读等工作。及时收集国家、区域、行业需求，为大学生精准推送行业和市场动向等信息。加强对创新创业大学生和项目的跟踪、服务，畅通供需对接渠道，支持各地积极举办大学生创新创业项目需求与投融资对接会。"

二是"加强宣传引导。大力宣传加强高校创新创业教育、促进大学生创新创业的必要性、重要性。及时总结推广各地区、各高校的好经验好做法，选树大学生创新创业成功典型，丰富宣传形式，培育创客文化，营造敢为人先、宽容失败的环境，形成支持大学生创新创业的社会氛围。做好政策宣传宣讲，推动大学生用足用好税费减免、企业登记等支持政策。"

2022年，在教育部的《普通高校学生自主创业政策公告》中提及对大学生创业的多项服务政策，包含免费创业服务、技术创新服务、创业场地服务、创业保障政策等。"免费创业服务：可免费获得公共就业和人才服务机构提供的创业指导服务""技术创新服务：各地区、各高校和科研院所的实验室以及科研仪器、设施等科技创新资源可以面向大学生开放共享，提供低价、优质的专业服务""创业场地服务：鼓励各类孵化器面向大学生创新创业团队开放一定比例的免费孵化空间。政府投资开发的孵化器等创业载体应安排30%左右的场地，免费提供给高校毕业生。有条件的地方可对高校毕业生到孵化器创业给予租金补贴。""创业保障政策：加大对创业失败大学生的扶持力度，按规定提供就业服务、就业援助和社会救助。毕业后创业的大学生可按规定缴纳'五险一金'"。

五、创业培训

《人力资源社会保障部办公厅关于进一步推进创业培训工作的指导意见》对创业培训提出了明确要求。

（一）明确创业培训对象和内容。将具有明确创业意愿和创业培训需求、勇于投身创业实践的城乡各类劳动者作为创业培训对象，将企业家精神和素质培养、创办企业和经营管理能力训练作为创业培训的主要内容，以高校毕业生、科技人员、留学回国人员、返乡农民工、退役军人、失业人员和转岗职工等群体为重点，以组织实施专项行动计划为抓手，推动创业培训广泛开展。

（二）建立健全创业培训制度。把创业培训制度纳入终身职业技能培训制度范畴。建立培训对象甄选制度，完善创业意愿识别和能力短板诊断机制。完善政府购买培训成果制度，对列入财政补贴范围的创业培训项目按购买服务的规定执行。建立健全培训主体报告制度，强化财政补贴培训项目实施主体的报告义务。健全创业培训师资管理制度，完善师资备案、评价、奖惩机制。建立健全培训绩效考评制度，对创业培训工作成效实施第三方评估。

（三）加强创业培训课程开发。以创业活动不同阶段、不同业态的知识技能需求为导向，编制创业培训大纲和技术标准，针对不同群体、不同项目的特点，开发创业培训课程和培训方式，构建多层次、模块化的创业培训课程体系。推进网络创业培训课程开发工作。以"创办和改善你的企业"（SIYB）、"创业模拟实训"等课程为基础，从已被广泛应用、学员普遍认可的创业培训课程中精选出一批精品课程，供各地优先选用。鼓励有条件的地区以政府与社会资本合作（PPP）模式组织开发新领域、新业态的创业培训课程并实施创业培训。

（四）加强创业培训师资队伍建设。探索建立创业培训师资的职业化发展通道，建立创业指导师队伍。各地要建立创业培训师资库，完善师资登记、考核、进出机制，强化对师资能力水平考核和学员满意度评价，对师资队伍进行动态管理。制定长期师资培养计划，定期组织开展提高培训、研讨交流、观摩教学等活动，提升师资业务素质和能力水平。鼓励将社会专业人士吸纳到创业培训专家队伍中，提升创业培训专业化水平。

（五）规范创业培训机构发展。各地要对创业培训机构进行统筹规划，加强创业培训机构规范化管理，指导创业培训机构严格按照标准和要求开展创业培训，对有需求的学员提供后期辅导服务。建立健全政府购买服务机制，按照公开规范、保障质量、提升效益的原则，鼓励和引导各类优质教育培训资源投入创业培训。按照"条件公开、合理布局、平等竞争、动态管理"的原则，制定承担政府补贴培训任务的创业培训机构的基本条件和认定程序，对符合条件的创业培训机构向社会公示并登记备案。

（六）创新创业培训模式。利用各类创业培训资源，开发针对不同创业群体、不同阶段创业活动的创业培训项目。积极采取互动式教学培训方式，辅以创业实训、考察观摩、创业指导等培训方式，大力开展能力培训、知识传授、政策咨询等服务。积极探索创业培训与技能培训、创业培训与区域产业相结合的培训模式。充分利用互联网、信息化实训平台等载体，试点推广"慕课"等"互联网＋"创业培训新模式，大规模开展开放式在线培训。加强远程公益创业培训，提升基层创业人员创业能力。研究探索通过"创业券""创新券"等方式对创业者提供创业培训服务。实施大学生创业引领计划和技能就业行动，鼓励高等院校、职业院校、技工院校学生在校期间开展"试创业"实践活动和电子商务培训活动，并将其纳入创业培训政策支持范围。组织开展农民工等人员返乡创业三年行动计划，大力推进返乡农民工等人员创业培训工作。

（七）强化创业培训服务。推进创业指导、创业培训和创业服务的有效衔接、统筹发展。完善公共创业服务功能，健全开业指导、创业孵化、项目推介、咨询指导、创业融资、人事代理相结合的创业服务体系。以创业培训师资队伍为基础，吸纳具有企业管理专业背景和创业实践经验的企业家、专家教授以及熟悉经济发展和创业政策的相关部门人员，共同推进创业服务工作。加快创业培训信息化管理平台建设，开展培训档案管理、培训流程监督、培训效果评估、师资库管理、培训资金管理等工作，并与创业培训技术服务平台链接，实现数据、信息、资源联通共享。

在国务院办公厅《关于进一步支持大学生创新创业的指导意见》一文中，对于大学生创业培训，是这样要求的："加强大学生创新创业培训。打造一批高校创新创业培训活动品牌，创新培训模式，面向大学生开展高质量、有针对性的创新创业培训，提升大学生创新创业能力。组织双创导师深入校园举办创业大讲堂，进行创业政策解读、经验分享、实践指导等。支持各类创新创业大赛对大学生创业者给予倾斜。"

国家鼓励大学生创业的优惠政策有很多，并且随着大学生创业热情的高涨，政策环境会越来越宽松。大学生深度了解这些优惠政策，准确把握创业契机，将为自己的创业成功开个好头。

国家层面的大学生创业扶持政策有宏观的指导意义，各地、各级政府部门还有许多地方性的政策和法规来扶持大学生创业。了解创业所在地的创业政策，并合理利用这些创业政策，将使大学生离创业成功更近一步。

第二节　大公司还是小买卖——新创企业的组织形式

新创企业即刚创立的企业，是一个企业运营的起点。新创企业在创立阶段选择的法律形式，是一个非常重要的问题。是选择成立大型公司，还是选择开展个体工商业务，可能影响或决定创业企业的存续。我们所面临的市场环境不断变化，企业的运营需要顺应市场并协调发展，因此新创企业需要有章可循。先确定企业的组织形式，了解创立企业的概念、流程、规范，以及法律责任，才能够保障企业的健康发展。

一、新创企业的相关概念

（一）企业设立

企业设立是创业者依据法定的条件和程序，组建企业并取得依法经营资格而采取的行为。企业设立有别于企业登记，企业登记仅指企业设立的后期行为；企业设立也不同于企业成立，企业成立不属于法律行为。企业设立是创业者取得法人资格的一种事实状态，同时也是对创业者设立企业这种行为所界定的法律责任。在《中华人民共和国市场主体登记管理条例》中，不同形式的企业类型被统称为"市场主体"。

（二）市场主体

《中华人民共和国市场主体登记管理条例》规定，市场主体是指在中华人民共和国境内以营利为目的从事经营活动的下列自然人、法人及非法人组织：

（1）公司、非公司企业法人及其分支机构；

（2）个人独资企业、合伙企业及其分支机构；

（3）农民专业合作社（联合社）及其分支机构；

（4）个体工商户；

（5）外国公司分支机构；

（6）法律、行政法规规定的其他市场主体。

二、市场主体登记

《中华人民共和国市场主体登记管理条例》规定，市场主体应当办理登记，未经登记，不得以市场主体名义从事经营活动，法律、行政法规规定无须办理登记的除外。市场主体登记包括设立登记、变更登记和注销登记。

市场主体登记管理应当遵循依法合规、规范统一、公开透明、便捷高效的原则。国务院市场监督管理部门主管全国市场主体登记管理工作。县级以上地方人民政府市场监督管理部门主管本辖区市场主体登记管理工作。

（一）市场主体登记事项及备案事项

1. 市场主体登记事项

市场主体的一般登记事项主要包括名称、主体类型、经营范围、住所或主要经营场所、注册资本或者出资额、法定代表人/执行事务合伙人/负责人姓名。

除前款规定外，还应当根据市场主体类型登记下列事项：

（1）有限责任公司股东、股份有限公司发起人、非公司企业法人出资人的姓名或者名称；

（2）个人独资企业的投资人姓名及居所；

（3）合伙企业的合伙人名称或者姓名、住所、承担责任方式；

（4）个体工商户的经营者姓名、住所、经营场所；

（5）法律、行政法规规定的其他事项。

市场主体只能登记一个名称，由市场主体申请人依法自主申报，经主管部门登记后受法律保护；市场主体只能登记一个住所或者主要经营场所，电子商务平台内的自然人经营者可以根据国家有关规定，将电子商务平台提供的网络经营场所作为经营场所。

2. 市场主体备案事项

市场主体的下列事项应当向登记机关办理备案：

（1）章程或者合伙协议；

（2）经营期限或者合伙期限；

（3）有限责任公司股东或者股份有限公司发起人认缴的出资数额，合伙企业合伙人认缴或者实际缴付的出资数额、缴付期限和出资方式；

（4）公司董事、监事、高级管理人员；

（5）农民专业合作社（联合社）成员；

（6）参加经营的个体工商户家庭成员姓名；

（7）市场主体登记联络员、外商投资企业法律文件送达接受人；

（8）公司、合伙企业等市场主体受益所有人相关信息；

（9）法律、行政法规规定的其他事项。

3. 不得担任公司、非公司企业法人的法定代表人的情况

（1）无民事行为能力或者限制民事行为能力；

（2）因贪污、贿赂、侵占财产、挪用财产或者破坏社会主义市场经济秩序被判处刑罚，执行期满未逾 5 年，或者因犯罪被剥夺政治权利，执行期满未逾 5 年；

（3）担任破产清算的公司、非公司企业法人的法定代表人、董事或者厂长、经理，对破产负有个人责任的，自破产清算完结之日起未逾 3 年；

（4）担任因违法被吊销营业执照、责令关闭的公司、非公司企业法人的法定代表人，并负有个人责任的，自被吊销营业执照之日起未逾 3 年；

（5）个人所负数额较大的债务到期未清偿；

（6）法律、行政法规规定的其他情形。

（二）注册资本登记

注册资本也叫法定资本，是公司制企业章程规定的全体股东或发起人认缴的出资额或认购的股本总额，在公司登记机关依法登记。

根据《国务院机构改革和职能转变方案》，为积极稳妥推进注册资本登记制度改革，国务院于 2014 年 2 月 19 日印发注册资本登记制度改革方案。方案指出，放松市场主体准入管制，切实优化营商环境，即实行注册资本强制认缴登记制、改革年度检验验照制度、简化依据（经营场所）登记手续、推行电子营业执照和全程电子化登记管理；严格市场主体监督管理，依法维护市场秩序，构建市场主体信用信息公示体系、完善信用约束机制、强化司法救济和刑事惩治，发挥社会组织的监督自律作用、强化企业自我管理。

注册资本认缴登记制的部分相关规定，有以下方面：

公司股东认缴的出资总额或者发起人认购的股本总额（即公司注册资

本）应当在工商行政管理机关登记。公司股东或发起人应当对其认缴出资额、出资方式、出资期限等自主约定，并在公司章程中加以记载。有限责任公司的股东以其认缴的出资额为限对公司承担责任，股份有限公司的股东以其认购的股份为限对公司承担责任。公司应当将股东认缴出资额或发起人认购股份、出资方式、出资期限、缴纳情况通过市场主体信用信息公示系统向社会公示。公司股东或发起人对缴纳出资情况的真实性、合法性负责。

该方案还指出，应放宽注册资本的登记条件。除法律、行政法规以及国务院决定对特定行业注册资本最低限额另有规定的事项外，取消有限责任公司最低注册资本3万元，一人有限责任公司最低注册资本10万元、股份有限公司最低注册资本500万元的限制。不再限制公司设立时全体股东或发起人的首次出资比例，不再限制公司全体股东或发起人的货币出资金额占注册资本比例，不再规定公司股东或发起人缴足出资的期限。公司实收资本不再作为工商登记事项，公司登记时，无须提交验资报告。

2022年3月1日开始施行的《中华人民共和国市场主体登记管理条例》规定，除法律、行政法规或者国务院决定另有规定外，市场主体的注册资本或者出资额实行认缴登记制，以人民币表示。出资方式应当符合法律、行政法规的规定。公司股东、非公司企业法人出资人、农民专业合作社（联合社）成员不得以劳务、信用、自然人姓名、商誉、特许经营权或者设定担保的财产等作价出资。

三、市场主体的不同组织形式及优缺点

所谓市场主体的组织形式，是指企业的所有制关系，以及反映这种经济内容的法律表现。所有制关系属于经济范畴，法律表现属于制度范畴。具体地说，企业以出资的主体来确定所有制形式，通过经营方式来确定经营形态。一般意义上来说，企业形态就是企业的法律形态，比如股份公司、有限公司等。

（一）市场主体的不同组织形式

1. 个体工商户

（1）个体工商户的概念

公民在法律允许的范围内，依法经核准登记，从事工商业经营的，为个体工商户。个体工商户可以起字号。

在依法核准登记的范围内，个体工商户享有从事个体工商业经营的民事权利能力和民事行为能力。个体工商户的正当经营活动受法律保护，对其经营的资产和合法收益，个体工商户享有所有权。个体工商户可以在银行开设账户，向银行申请贷款，有权申请商标专用权，有权签订劳动合同及请帮工、带学徒，还享有起字号、刻印章的权利。

个体工商户从事生产经营活动必须遵守国家的法律，应照章纳税，服从工商行政管理。个体工商户从事违法经营的，必须承担民事责任和其他法律责任。

（2）个体工商户的特征

个体工商户是个体工商企业在法律上的表现，其具有以下特征。

第一，个体工商户是自然人或从事企业经营活动的家庭。从事企业经营的自然人，或者以个人为单位，或者以家庭为单位，均属于个体工商户。按照有关的法律规定，城市待业青年、社会闲散人员、农村村民等都可申请个体工商户经营。国家机关干部、企事业单位职工，不能申请从事个体工商业经营。

第二，自然人从事个体工商业经营必须依法核准登记。县以上的工商行政管理机构是个体工商企业注册的机构。经核准、领取营业执照后，个体工商企业才能进行经营活动。转业、合并、变更登记事项，或者停止经营的个体工商企业，应办理登记。

第三，个体工商户只能经营法律、政策允许个体经营的行业。

2. 个人独资企业

个人独资企业，简称独资企业，是指由一个自然人投资，全部资产为投资人所有的营利性经济组织。独资企业是一种很古老的企业形式，至今仍广泛运用于商业经营中，其典型特征是个人出资、个人经营、个人自负盈亏和自担风险。

（1）个人独资企业的概念

《中华人民共和国个人独资企业法》于1999年8月30日由第九届全国人大常委会第十一次会议通过，自2000年1月1日起施行。该法共六章四十八条。该法第二条规定的独资企业的概念是：本法所称个人独资企业，是指依照本法在中国境内设立，由一个自然人投资，财产为投资人个人所有，投资人以其个人财产对企业债务承担无限责任的经营实体。

（2）个人独资企业的特征

投资主体方面。个人独资企业仅由一个自然人投资设立。这是独资企业在投资主体上与合伙企业和公司的区别所在。我国合伙企业法规定的合伙企业的投资人尽管也是自然人，但人数为2人以上；公司的股东通常为2人以上，而且投资人不仅包括自然人还包括法人和非法人组织。当然，在一人有限责任公司中，出资人也只有一人。

企业财产方面。个人独资企业的全部财产为投资人个人所有，投资人（也称业主）是企业财产的唯一所有者。企业财产包括企业成立时投入的初始出资财产与企业存续期间积累的财产。因此，投资人对企业的经营与管理事务享有绝对的控制与支配权，不受任何其他人的干预。个人独资企业就财产方面的性质而言，属于私人财产所有权的客体。

责任承担方面。个人独资企业的投资人以其个人财产对企业债务承担无限责任。这是在责任形态方面独资企业与公司（包括一人有限责任公司）的本质区别。所谓投资人以其个人财产对企业债务承担无限责任，有三个层面的含义：一是企业的债务全部由投资人承担；二是投资人承担企业债务的责任范围不限于出资，其责任财产包括独资企业中的全部财产和其个人财产；三是投资人对企业的债权人直接负责。换句话来说，无论是企业经营期间，还是企业因各种原因而解散时，如果企业财产不能清偿经营中所产生的债务，那么投资人必须以其个人所有的其他财产清偿。

主体资格方面。个人独资企业不具有法人资格。尽管独资企业有自己的名称或商号，并以企业名义从事经营行为和参加诉讼活动，但它不具有独立的法人地位。这是因为，独资企业本身不是财产所有权的主体，不享有独立的财产权利；另外，独资企业不承担独立责任，而是由投资人承担无限责任。这一特点与合伙企业相同，但与公司有区别。独资企业不具有法人资格，但属于独立的法律主体，其性质属于非法人组织，享有相应的权利能力和行为能力，能够以自己的名义进行法律行为。

3. 合伙企业

（1）合伙企业的概念

2007年6月1日开始施行的《中华人民共和国合伙企业法》规定，合伙企业是指自然人、法人和其他组织依照本法，在中国境内设立的普通合伙企业和有限合伙企业。

普通合伙企业由普通合伙人组成，合伙人对合伙企业债务承担无限连带责任；有限合伙企业由普通合伙人和有限合伙人组成，普通合伙人对合伙企业债务承担无限连带责任，有限合伙人以其认缴的出资额为限对合伙企业债务承担责任。

（2）合伙企业的特征

企业存续周期有限。合伙企业比较容易设立，也比较容易解散。合伙人一经签订合伙协议，就意味着合伙企业的成立。新合伙人的加入，旧合伙人的退出、死亡、自愿清算、破产清算等，都可以造成原合伙企业的解散以及新合伙企业的成立。

合伙人责任承担无限。合伙组织作为一个整体对债权人承担无限责任。普通合伙企业的合伙人，均对合伙企业的债务承担无限连带责任。例如，A、B、C三人成立的合伙企业破产时，当A、B已没有抵偿企业所欠债务的个人资产时，虽然C已经按照约定还清分摊债务，但仍然有义务用其个人财产为A、B付清两人所欠的分摊债务，当然此时C对A、B拥有财产追索权。有限合伙企业由一个或几个普通合伙人和一个或几个责任有限的合伙人组成。也就是说，合伙人中至少有一个人要对企业的经营活动负无限责任，而其他合伙人只能以其出资额为限对债务承担责任，因而这类合伙人一般不直接参与企业经营管理活动。

合伙人可相互代理。合伙企业的经营活动，由合伙人共同决定，合伙人有执行和监督的权利。合伙人可以推举负责人。合伙负责人和其他人员的经营活动，由全体合伙人承担民事责任。换句话来说，每个合伙人代表合伙企业所发生的经济行为，对所有合伙人均有约束力。因此，合伙人之间较易发生纠纷。

合伙企业财产共有。合伙人投入的财产由合伙人统一管理和使用，未经过其他合伙人同意，任何一位合伙人不得将合伙财产挪为他用。只提供劳务不提供资本的合伙人，仅有权利分享一部分利润，无权分享合伙财产。

合伙人利益共享。合伙企业在生产经营活动中所取得、积累的财产，归合伙人共有。如果有亏损，也是由合伙人共同承担。损益分配的比例应在合伙协议中明确规定；未经规定的，可按合伙人出资比例分摊，或平均分摊。以劳务抵作资本的合伙人，除另有规定外，一般不分摊损失。

4. 公司

（1）公司的概念

公司的概念依从于《中华人民共和国公司法》对它的界定。该法是为了规范公司的组织和行为，保护公司、股东和债权人的合法权益，维护社会经济秩序，促进社会主义市场经济的发展而制定的法律。《中华人民共和国公司法》于1993年12月29日由第八届全国人大常委会第五次会议通过，于1999年、2004年、2013年、2018年四次修正，于2005年一次修订。

公司是指依照《中华人民共和国公司法》在中国境内设立的有限责任公司和股份有限公司。公司是企业法人，有独立的法人财产，享有法人财产权，公司以其全部财产对公司的债务承担责任。有限责任公司的股东以其认缴的出资额为限对公司承担责任；股份有限公司的股东以其认购的股份为限对公司承担责任。公司股东依法享有资产收益、参与重大决策和选择管理者等权利。

（2）公司的特征

公司是资本联合的经济组织。公司是由许多投资者投资，为经营而设立的一种经济组织，具有广泛筹集资金的能力，这种功能是适合社会生产力发展需要的，所以公司有发展优势。

公司具有法人资格。也就是说，从法律上公司被赋予人格，公司像一个真实存在的人那样，以自己的名义从事经营，享有权利、承担责任、起诉应诉，公司在市场上成为竞争主体。在现实的经济活动中公司是一个经济实体。

公司股东承担有限责任。这是指公司一旦出现了债务，只归属于公司债务，由公司这个拟人化实体对债权人负责，而公司股东不直接对债权人负责；公司的股东对公司债务仅以其出资额为限，承担间接、有限的责任，这就为股东分散了投资风险，使股东的投资行为不影响投资外的个人财产，所以这种责任形式具有吸引力。

公司以营利为目的。这反映了公司的基本属性，因为投资者投资于公司是为了追求利润，希望从公司取得收益。从经济整体来说，公司资产的增值是社会发展的需要。公司以营利为目的，这也使公司与其他经济组织和社会组织有所区别。

公司实行所有权与经营权分离。在通常情况下，投资者入股仅仅是为了投资收益，而不是为了自己经营，特别是在具有相当规模的公司中，这种情况更为常见。为了公司的发展，投资者要委托专业的经营者经营。所以，公司中的基本关系是投资者出资，从公司获取股利，经营者受委托为股东从事经营，对股东负责。

公司是规范化程度较高的企业组织形式。公司的发起设立，对内对外关系，内部治理结构，合并、转让、分立等，都是依照法律规范来办理的，公司是一种企业形式与法律形式相结合的体现。

公司是永续存在的企业组织形式。这就是说，公司投资人的股权可以转让，投资人可以流动，但公司仍然可以作为一个独立的实体而存在，公司仍然可以正常地从事经营活动，公司的存在并不取决于其投资人到底是谁。公司的这种基本特征，表明了公司的本质属性，使之区别于其他企业形式或者社会组织。

（二）不同组织形式的优缺点

1. 个体工商户、个人独资企业的优缺点

个体工商户和个人独资企业的优点是：财产关系简单，企业的财产与创业者自己的财产一样，无须与人分利，也无须与人扯皮；创业者拥有完全的经营自主权，自己一个人说了算，不受限制；保密性好，利于企业商业秘密的保护，从而增强竞争力；所需资金少，容易设立，优惠政策多，成本较低。

与优点相对应的缺点，一是抗风险性差。整个企业系于创业者一身，创业者的责任特别重大。一个人的力量和能力总是有限的，一旦创业者决策失误、经营失败、企业资不抵债，创业者需对企业承担无限责任，这可能导致

创业者个人倾家荡产；另一方面，一旦创业者个人发生意外，将会导致企业终结。二是发展性差。由于资金少，规模小，信用等级较低，企业很难吸引资金、人才和技术，难以发展壮大。

2. 一人有限责任公司的优缺点

一人有限责任公司的优点是，几乎拥有个体工商户、个人独资企业的所有优点，它还具有一项最大的优势，即一人有限责任公司的股东只需对公司承担有限责任。这使得投资者的创业风险大大降低了。

一人有限责任公司的缺点也很明显，主要表现在两个方面。一是一个自然人只能投资设立一个一人有限责任公司，不能投资设立第二个一人有限责任公司；二是由一个自然人投资设立的一人有限责任公司，不能再作为股东投资设立一人有限责任公司。此外，对于一人有限责任公司的财务、股东连带责任，法律也有规定。

3. 合伙企业的优缺点

合伙企业的优点是人多力量大，机制较灵活，能够吸引更多人参与。缺点主要表现在四个方面：一是人多导致分歧多，保密性差，企业运营效率相对低下，不利于企业长期稳定发展；二是普通合伙人对合伙企业的债务依然要承担无限责任；三是入伙、退伙需要全体合伙人一致同意，降低了企业的吸引力；四是企业规模小，信用等级不高，融资手段有限。

4. 有限责任公司的优缺点

有限责任公司的优点是，公司股东的有限责任决定了，公司既可满足股东谋求利益的需求，又可使风险限定在一个合理的范围内，增加了股东投资的积极性；公司特别是股份有限公司，可以公开发行股票、债券，在社会上广泛集资，便于兴办大型企业；公司实行彻底的所有权与经营权分离的原则，提高了公司的管理水平；公司特有的组织形式，使公司的资本、经营运作趋于利益最大化，可更好地实现投资者的目的；公司形态完全脱离个人色彩，是资本的永久性联合，股东的个人生存安危不影响公司的正常运营。因此，公司存续时间长、稳定性高。

有限责任公司的缺点是，法律法规的要求比较严格，对公司依法经营管理的水平提出很高的要求；相较于股份有限公司，有限责任公司的融资手段有限，缺乏在短时间内大量集资的能力，这限制了公司规模的扩张；大股东控制的现象比较普遍，不利于小股东的权益保护。

四、不同组织形式的登记条件

（一）个体工商户

1. 个体工商户登记事项

（1）经营者姓名和住所；

（2）组成形式；

（3）经营范围；

（4）经营场所。

另外，个体工商户使用名称的，名称作为登记事项。

上面所指的经营者姓名和住所，是指申请登记为个体工商户的公民姓名及其户籍所在地的详细住址。组成形式，包括个人经营和家庭经营。家庭经营的，参加经营的家庭成员姓名应当同时备案。经营范围，是指个体工商户开展经营活动所属的行业类别。登记机关根据申请人的申请，参照《国民经济行业分类》中的类别标准，登记个体工商户的经营范围。经营场所，是指个体工商户营业所在地的详细地址。个体工商户经登记机关登记的经营场所只能为一处。个体工商户申请使用名称的，应当按照《个体工商户名称登记管理办法》办理。

2. 登记申请

个人经营的，以经营者本人为申请人；家庭经营的，以家庭成员中主持经营者为申请人；委托代理人申请注册、变更、注销登记的，应当提交申请人的委托书和代理人的身份证明或者资格证明；申请个体工商户登记，申请人或者其委托的代理人可以直接到经营场所所在地登记机关登记；登记机关委托其下属工商所办理个体工商户登记的，到经营场所所在地工商所登记。

申请人或者其委托的代理人可以通过邮寄、传真、电子数据交换、电子邮件等方式向经营场所所在地登记机关提交申请。通过传真、电子数据交换、电子邮件等方式提交申请的，应当提供申请人或者其代理人的联络方式及通信地址。对登记机关予以受理的申请，申请人应当自收到受理通知书之日起5日内，提交与传真、电子数据交换、电子邮件内容一致的申请材料原件。

3. 申请文件

（1）申请人签署的个体工商户注册登记申请书；

（2）申请人身份证明；

（3）经营场所证明；

（4）国家工商行政管理总局规定提交的其他文件。

4. 个体工商户变更登记，应当提交下列文件

（1）申请人签署的个体工商户变更登记申请书；

（2）申请经营场所变更的，应当提交新经营场所证明；

（3）国家工商行政管理总局规定提交的其他文件。

5. 个体工商户注销登记，应当提交下列文件

（1）申请人签署的个体工商户注销登记申请书；

（2）个体工商户营业执照正本及所有副本；

（3）国家工商行政管理总局规定提交的其他文件。

（二）合伙企业设立的主要条件

我国合伙企业法规定，设立合伙企业应当具备下列条件：有二个以上合伙人，并且都是依法承担无限责任者；有书面合伙协议；有各合伙人实际缴付的出资；有合伙企业的名称；有经营场所和从事合伙经营的必要条件。

成立合伙企业的合伙人应当具有完全民事行为能力。合伙人可以用货币、实物、土地使用权、知识产权或者其他财产权利出资。对货币以外的出资需要评估作价的，可以由全体合伙人协商确定，也可以由全体合伙人委托法定评估机构进行评估。经全体合伙人协商一致，合伙人也可以用劳务出资，其评估办法由全体合伙人协商确定。

合伙人应当按照合伙协议约定的出资方式、数额和缴付出资的期限，履行出资义务。各合伙人按照合伙协议实际缴付的出资是对合伙企业的出资。

合伙协议应当载明下列事项：合伙企业的名称和主要经营场所的地点；合伙目的和合伙企业的经营范围；合伙人的姓名及其住所；合伙人出资的方式、数额和缴付出资的期限；利润分配和亏损分担办法；合伙企业事务的执行；入伙与退伙；合伙企业的解散与清算；违约责任。合伙协议可以载明合伙企业的经营期限和合伙人争议的解决方式。合伙协议经全体合伙人签名、盖章后生效。合伙人依照合伙协议享有权利，承担责任。经全体合伙人协商一致，可以修改或者补充合伙协议。

申请合伙企业设立登记，应当向企业登记机关提交登记申请书、合伙协议书、合伙人身份证明等文件。法律、行政法规规定须报经有关部门审批的，应当在申请设立登记时提交批准文件。企业登记机关应当自收到登记申请文件之日起30日内，做出是否登记的决定。

合伙企业的营业执照签发日期，是合伙企业的成立日期。合伙企业领取营业执照前，合伙人不得以合伙企业名义从事经营活动。合伙企业设立分支机构，应当向分支机构所在地的企业登记机关申请登记，领取营业执照。

（三）有限责任公司设立的主要条件

根据我国公司法第二十三条的规定，设立有限责任公司应当具备下列条件：股东符合法定人数；股东出资达到法定资本最低限额；股东共同制定公司章程；有公司名称，建立符合有限责任公司要求的组织机构；有公司住所。依照本条规定，要设立有限责任公司，应当具备的条件包括以下几个方面。

1. 主体条件方面

主体条件是指股东必须符合法定资格及人数条件。

无论是有限责任公司还是股份有限公司，其股东都必须符合法定条件，具备法定资格，如法律禁止设立公司的自然人和法人不得成为公司的股东，这在前文已有详细描述。

由于有限责任公司具有很强的"人合性"，世界各国或地区的公司立法都对有限责任公司的股东人数做出限制，股东人数的限制能反映出公司股东之间彼此信任的特点。并且，有限责任公司信用的基础除了资本以外，还有股东个人条件。公司对外进行经济活动时，主要依据的不是公司本身的资本或资产状况如何，而是股东个人的信用状况，公司的经营事项和财物账目无须对外公开，资本只能由全体股东自己认缴，不得向社会公开募集，股东的出资证明书不得自由流通转让，股东的出资转让也受到严格的限制，必须经其他股东同意，其他股东具有优先购买权，等等。在这种情况下，公司股东之间应有一定的了解，因此人数不宜过多。我国有限责任公司股东的人数条件规定于公司法第二十四条："有限责任公司由五十个以下股东出资设立。"由此可见，有限责任公司股东的法定人数是 50 人以下，若超过 50 人（不包括 50 人），则不能设立有限责任公司。这里值得一提的是，由于新公司法允许设立一人有限责任公司，有限责任公司股东人数的下限应为 1 个股东，这个股东可以是 1 个自然人股东，也可以是 1 个法人股东，1 个股东设立的有限责任公司为一人有限责任公司。

2. 财产条件方面

股东出资必须达到法定资本最低限额，这是设立有限责任公司的出资条件。有限责任公司作为具有独立主体资格的法人，必须具备一定的财产条件作为其开展经营和承担责任的物质基础。有限责任公司的财产最初来源于发起人认缴出资的总和。为了保证有限责任公司的财产能达到开展业务和从事经营所需的相应规模，同时也为了保证债权人的利益以及社会交易的安全性，防止滥设公司，各国或地区的公司法都要求有限责任公司在设立时的资本必须达到一个最低的限额。我国新公司法取消了有限责任公司注册资本的最低限额。也就是说，有限责任公司设立时发起人认缴的资本数可以为0 元。

3. 章程条件方面

股东共同制定公司章程，这是设立有限责任公司的章程条件。有限责任公司的章程是记载有关公司组织和行为基本规则的文件。对于公司来讲，章程是最重要的自治规则，是对公司的存在与发展有着不可替代的重要意义的纲领性文件。根据公司法的要求，章程应当由有限责任公司的全体股东来共同制定，以使章程反映全体投资者的意志。而"共同制定"并不等同于共同起草，只要股东在章程上签字或者盖章，就表示同意了所签字或者盖章的文本，承认了该章程表达了自己的真实意思，就应当认为该章程是"共同制定"的。

此外，公司法还对公司章程的记载事项予以了明确规定，有限责任公司章程应当载明下列事项：

（1）公司名称和住所；

（2）公司经营范围；

（3）公司注册资本；

（4）股东的姓名或者名称；

（5）股东的出资方式、出资额和出资时间；

（6）公司的机构及其产生办法、职权、议事规则；

（7）公司法定代表人；

（8）股东会会议认为需要规定的其他事项。

章程所列举的前七个事项都属于绝对必要记载事项，也就是公司法规定的公司章程必须记载的事项。公司法对绝对必要记载事项的规定属于强制性规范，必须记载，不记载或者记载违法者，章程无效。其中关于出资时间的记载，是新公司法规定的分期缴纳资本制度的配套规定。至于第八个事项，授权股东会自愿记载绝对必要记载事项以外的事项于公司章程，充分体现出了对于公司自主经营的尊重。

4. 组织条件方面

有公司名称，建立符合有限责任公司要求的组织机构，这是设立有限责任公司的组织条件。公司名称是本公司与其他公司、企业相区别的文字符号。设立有限责任公司必须有公司名称，并应当在其名称中标明有限责任公司或有限公司字样，然后在公司登记机关作相应的登记。有限责任公司是通过公司的组织机构进行运作的，所以设立有限责任公司必须建立相应的符合有限责任公司要求的组织机构。依照公司法的规定，有限责任公司的内部组织机构分为股东会、董事会和监事会等。其中，股东会由全体股东组成，是公司的权力机构；董事会对股东会负责；监事会由股东代表和适当比例的公司职工代表组成。另外，股东人数较少或规模较小的有限责任公司可以不设董事会，只设一名执行董事，也可以不设监事会，只设一至两名监事。

5. 住所条件方面

有公司住所是设立有限责任公司的住所条件。公司法修改之后，新公司法取消了原来关于设立有限责任公司必须具备"固定的生产经营场所和必要的生产经营条件"的限制，而只要求具备公司住所的条件即可，这实际上降低了公司设立的标准，也有利于一人公司制度的顺利执行。

五、选择企业组织形式的原则

从上文中我们了解到，不同的企业组织形式反映了不同的企业性质、法律地位和社会作用，因此不同企业组织形式的法律风险及后果不同。企业作为法律拟制的民事主体，受到法律的严格规制，因此我们要认识到这样一点，即企业组织形式与内容是有法定性的。

创业者在选择企业组织形式时，要全面了解我国现行的企业制度，并结合自己的创业需求，选择合适的企业组织形式，这是一位创业者一开始就需要考虑的问题。良好的开端是成功的一半，创办企业更是如此。因此，创业者在选择企业组织形式时，就需要通盘考虑自己的创业需求以及企业组织形式的优劣，只有使二者相契合，创办企业才能规避风险，获得成功。

第一，创业者应该了解自己进行创业的行业。

创业者在创业行为开始前，首先需要避免在对特定产业、行业领域设立企业组织形式的相关规定不了解的情况下，盲目选择企业组织形式。我们应该知道，对于一些特殊的行业，法律规定只能采取特殊的组织形式，这就是企业组织形式与内容的法定性问题。例如律师事务所就只能采取合伙的形式，当然有的律师事务所会采取公司制的管理模式，这是律师事务所管理的问题，而不是律师事务所组织形式的问题；比如对于金融等行业，法律规定必须采用公司制的企业组织形式，对于公司制，法律也明确规定有两种组织形式，即有限责任公司与股份有限公司，而且对于这两种组织形式的一些制度作了细节性的规定，哪些是章程可以约定的，哪些是法律强制规定的，都有比较明确的划分。因此，创业者首先要了解的就是法律对自己所要创业的行业的企业组织形式的规定。

如果创业者违反法律法规的强制性规定，选择不适当的企业组织形式，就可能导致企业设立的申请得不到批准，或导致企业设立的成本增加。为此，投资者应对涉及企业组织形式的相关知识进行深入了解，在选择企业组织形式时，严格遵守法律法规政策，确保企业组织形式与法律法规政策相符合。如果法律对拟创业的行业没有明确限制，就需要结合实践中通常的做法以及创业者的特殊要求来确定企业组织形式。毕竟，企业是创业者创业的工具，一件称手的工具要能够起到事半功倍的效果。所谓"工欲善其事，必先利其器"，就是这个道理。

第二，创业者要充分考虑自身的风险承担能力。

对于不同的企业组织形式，创业者的风险承担责任是不同的。在商业环境中，经营风险无处不在，正所谓"商场如战场"，而企业组织形式的选择与创业者今后需要承担的责任大小紧密相关。我们知道，公司制最吸引人的地方就是它的"有限责任"，这就将创业者的个人财产与投资到公司的财产（需要承担责任的财产）进行了区分——公司财产需要承担风险责任，而个人财产不会受到公司经营的影响，这就降低了创业者的投资风险，激发了创业者投资的热情。对于公司制，创业者要记住一句话，即"股东的责任是有限责任，而公司的责任是无限责任"。

对于普通合伙企业以及个人独资企业，创业者需要对企业承担无限责任。相对于公司制，创业者选择这两种企业组织形式进行创业的风险就会比较大，其中的风险是不可控制的。此外还有另一种组织形式，就是由普通合伙人和有限合伙人组成的合伙企业，普通合伙人承担无限责任，有限合伙人以自己的出资额为限承担有限责任。这样，有限合伙企业将资金丰富的创业者与资金缺乏的创业者，即风险承担能力强的创业者与风险承担弱的创业者结合起来，从而实现了风险的可控。创业者可以根据自身的情况，选择契合自己创业企业发展的组织形式。

第三，创业者需要考虑税务的问题。

稍懂一些税务常识的人就知道，不同的企业组织形式所缴纳的税额是不同的。基于这一点，建议创业者在选择企业组织形式时，要考虑税务的问题。例如选择个人独资企业和合伙企业时生产经营所得要计征个人所得税。合伙企业的创业者将全部生产经营所得按照合伙协议约定的比例分配，确定各自所得应当缴纳的税额，分别缴纳个人所得税。在这里需要注意一点，合伙协议对于合伙企业具有重要意义。

那么对于公司制企业，既要就经营所得缴纳企业所得税，又要在向股东分配利润时为股东代扣代缴个人所得税，单从税务筹划的角度来看，选择合伙企业和个人独资企业似乎更经济一些。但是这不能一概而论，创业者要了解我国政府的一些税收优惠政策，例如涉及小微企业或者高新技术产业等国家支持的行业，国家会实行税收优惠，这时公司制企业可能更节税一些。

第四，创业者在选择企业组织形式时应考虑财务管理。

企业的财务管理很重要，真正好的财务管理会有更多的延伸服务，比如财务管理规划、税务管理规划、股权构架规划等，这其实就涉及选定企业组织形式之后企业构建的问题了。

第五，创业者需要考虑经营期间以及未来融资的需要。

企业作为法律拟制的民事主体，也是有寿命的，企业的这个寿命也就是企业的存续期。企业的存续期影响到创业者的投资预期。例如个人独资企业和创业者的寿命往往联系在一起，一旦创业者死亡且无继承人或者继承人决定放弃继承的，企业就得解散。合伙企业也面临着同样的问题，一旦合伙人死亡，且不能及时补充新的合伙人，合伙企业的寿命也就是极其有限的。个人独资企业与合伙企业的这种经营期间的不确定性，会影响到创业者或者投资人的预期，不适合大规模的投资。

相对于公司制企业来说，除非出现法定解散事由或者股东决议解散外，原则上公司制企业可以长久存在下去。在西方国家，历经几百年的公司也是存在的，这也是大家选择公司制企业的原因之一。而对于大规模的融资，创业者可以选择股份有限公司，这对于未来的融资是比较好的选择。

综上所述，创业者选择企业组织形式时需要综合考虑。假如对出资人责任大小、税负、企业组织正式化程度、存续期限、运营成本、股东对企业财产的控制权、股份权益转移自由度等因素缺乏综合考虑，创业者容易选择不适合企业经营发展和发起人利益的企业组织形式。因此，建议创业者应充分考虑发起人的条件及资格，综合考虑出资人的出资目的、经营预期和管理能力等因素，以选择适当的企业组织形式。

第八章

生存和成长

第一节　站直了，别趴下——新创企业的管理

新创企业的成长与成熟企业的成长不同，新创企业的管理也就区别于成熟企业的管理。市场对那些已经建立起竞争优势的主体更为有利，因为他们有更知名的品牌、更完善的服务、更成熟的渠道。新创企业只有打破原有的竞争格局才能生存。在核心竞争能力尚未形成的时候，新创企业应该采用什么样的方式，才能争取生存机会，不断积累实力呢？这就需要创业者了解新创企业的一些特殊性。

一、新创企业的特殊性

与成熟企业不同，新创企业在创业初期具有以下特殊性。

（一）生存性

在创业初期，企业最主要的工作就是成功销售产品或者服务，获取初始利润。在企业初创阶段，生存是第一要义，所有的工作都必须围绕着企业的生存来开展，所有的生存危机都应

该第一时间规避。

这个时期创业者对于产品销售的关注，要远远大于对新产品开发的关注，所有的工作都以结果为导向。正因如此，企业往往缺乏明确的方针和制度，也没有严格的程序和预算，企业的决策高度集中，不存在授权。这个时期，企业本身的能力与弱点往往会被忽视，创业者朝着保证企业生存的目标全速前进。

在创业初期，机会对于企业的发展是非常重要的，企业遇到机会就会迅速反应，而不是按部就班、定位明确地开发和利用自己所创造的机会。面对机会和环境时，企业是被动地被环境左右而不是左右环境，是被机会驾驭而不是驾驭机会。这种被动局面会导致企业不可避免地犯错误，同时也会促使企业制定规章制度，规范经营行为，明确什么该做，什么不该做。

（二）资金自有性

现金之于企业，如同血液之于人体。企业可以暂时亏损，但不能承受现金流中断。企业的自由现金流是指，一家企业的运营收入，减去开支、税项、周转资金和投资的变动额。自由现金流一旦中断，企业将产生偿债危机。自由现金流的大小直接反映企业的赚钱能力，它不仅是企业创立初期管理的重点，也是企业成长阶段管理的重点。这是因为，投资者对于初创企业一般都有投资疑虑，初创企业融资困难，现金流多为自有或自筹资金，这使得管理难度加大。创业初期，创业者必须千方百计地增收节支，控制发展节奏，珍惜企业的每一分钱。

（三）管理群体性

新创企业成立时尽管建立了正式的组织结构，但实际运行中很少能够按照部门职能严格划分工作任务。大多数情况下，虽然成员有名义上的分工，但运作起来基本上是哪里有需要就往哪里去，看似混乱实则高度有序。这种有序是因为所有人都基于简单而明确的目标，即确保企业的生存。创业初期的企业成员都清楚这个目标，清楚自己应该如何为实现目标而工作。一般情况下，人们不会过分计较个人得失，也少有人在意别人的越权、越级行为，相互之间只有角色的划分，没有职位的区别。这种在初创时期锻炼出来的团队，是企业管理班子的核心。

（四）高成长性和高风险性

新创企业通常机制灵活，即人们所说的"船小好调头"。这些企业通常在产品、技术或业务内容方面具有独特性，能够保持对区域市场和细分领域的合理应对，因此成长性较好。这时的企业一般处于超速成长阶段，有很大成长潜力。

但是也应该看到，与高成长性相伴随的是，新创企业也具有很大的不确定性和高风险性。由于周围环境如技术环境、商业环境、竞争环境的变化，以及企业内部的一些管理困境，如人员流动频繁、发展方向摇摆、资金不够充裕等，新创企业可能出现成长的波动性，从而使企业带有"变化太快""什么赚钱做什么""高死亡率"等特点。新创企业有一战成名的榜样，也有一招不慎、满盘皆输的例子。

二、新创企业的风险

在企业初创阶段，如果推销工作做得好，企业的成长性往往很高，投资回报率相对于其他阶段也要大出许多，企业销售收入也能够快速增长。新创企业内部结构简单、办事效率较高，创业者充满创业激情，对未来满怀希望。但正因为这些优势，企业由小到大快速成长之后，一些管理问题开始不断出现。

（一）创业者个人膨胀

当企业成功创立以后，创业者很容易陷入自我认知偏差的状态，认为创业本来就是一件很简单的事，或者创业对于他本人来说是件很简单的事，因此不可避免会骄傲自满，或者带有过分理想主义的情结，并可能导致决策的重大失误，原有创业团队不团结，团队失去向心力，企业价值观崩塌，或者彻底导致核心团队成员另起炉灶，成为这个企业的竞争对手。这个阶段的创业者最应该具有的不再是单纯的创业激情，而是对企业现状的理性认知。

（二）运营资金严重不足

对现金和经营资金重视不足是新创企业的普遍特点，这源于创业初期创业者典型的不理性状态。与创业者的创业激情相对应的，是创业者需要承担的义务。企业发展初期的创业者往往会把任务目标定得过高，而忽略达成这些目标所需投入的资金。企业资金紧张并不只是出现在产品或服务没有市场的情况下，有时候产品和服务越受欢迎，越可能出现资金不足的情况。一个企业的年均销售额增长超过35%时，企业就可能因自有资金不能够支撑高速增长，而遇到资金周转的难题。

为获得资金，创业者往往会犯一些低级错误，比如把短期贷款用于较长时间才能产生效益的项目；比如为刺激销售以产生现金流，大量使用折扣，甚至极端到不顾变动成本，使产品或服务处于亏本状态，此时卖得越多就亏得越多；比如把股份转让给以牟利为主要动机的风险资本——近年在创业圈内，创业者出售公司股份后失去对公司掌控权的案例比比皆是。

创业者不但要重视企业现金流、贷款结构和融资成本，而且要以最短的周期为单位来监控现金流。记账的重点也应该是严格监控应收账目周转率和存贷周转率，这是防止经营资金不必要增加的基本手段。

（三）日常管理制度不健全

新创企业日常管理中一般会出现以下问题。

1. 部门岗位设置不合理，责权利不一致，缺乏稳定性和适应性

创业者可能仅仅因为暂时的需要而随意设置部门或者岗位，这会使企业内部的岗位责任不明确，人员责权不一致，有权无责、有责无权、一人多责现象普遍，管理层次和管理幅度不合理；会造成有些人事务缠身，繁忙无比，有些人却终日无事，在其位不谋其政；也会使有的管理人员权力过大，越级指挥，随意下命令，而一般员工的直接上级不明确，越级、多级汇报的现象时常发生。

2. 规章制度缺乏系统性，没有完善的贯彻措施和监督机制

规章制度应连接组织内的不同环节、不同部门，为各部门的协调沟通提供有效的保障，但许多企业仅仅建立了初步的强制性规定，由于缺乏系统性和监督机制，一些制度形同虚设。高级管理人员甚至总经理往往忽视制度对自身的约束作用，不能以身作则，从而降低了制度的效用。

3. 专权式管理比较多，决策随意性大

这与大多数民营企业所有权与经营权分离不彻底有关，容易造成"老板"的独断专行。专权式管理在决策时间、决策效率方面有一定的优势，但其主观随意性太强，对需要进行科学分析预测的客观因素考虑得不全面；另一方面它会使部门主管在决策和处理问题时，优先考虑"老板"的个人喜好，而不是从企业的长远利益出发，所以在必要时很少据理力争；而员工习惯于听从命令，故不能发挥主观能动性。

（四）缺乏社会支持系统

所谓个人的社会支持系统，也称为社会关系网，是个体在社会生活中获得帮助和支持的重要力量源泉。新创企业因为行业背景不够深厚、业内口碑尚未建立、产品渠道搭建不成熟等原因，难以形成企业自身的竞争优势，因此在同行业、同种类企业发展中，就处于相对劣势的局面，这可能会制约新创企业的未来发展。

（五）缺乏市场

在大学生创业者中，有相当一部分人是因为对某一个产品、某一项服务、某一个创意感兴趣，才开展创业活动的。这种内驱力往往会驱使创业者为解决某一个问题而工作，而不是为了解决市场需求。这就使创业活动的目标与市场的需求产生了背离。所有的创业活动，在最初阶段都应该先挣到钱，使企业生存下去。

从以上内容我们可以看到，在新创企业的生存之战中，内部和外部环境的变化，常会使企业面临各种风险，阻碍企业走向成功。创业者只有明了这些风险和困难并加以规避，才能为企业的生存保驾护航。

三、新创企业的管理

新创企业的规模小，资金薄弱，缺乏知名度，因此新创企业尤其应该注重内部管理。

（一）新创企业的人力资源管理

新创企业的人力资源管理具有随意性大、机制灵活、家族管理占主导的特点。做好新创企业的人力资源管理，应从以下几个方面着手。

1. 岗位分析与设计

岗位分析即工作分析，是对组织中所有为实现组织目标而存在的各类工作进行系统分析和研究，以确定每一项工作的内容、职责与权限，工作条件和环境，以及完成工作所需的技术、能力、知识和其他资格条件，并形成岗位说明书的过程。

创业者需要认真对待岗位分析，新创企业绝不能在用人上，特别是在关键岗位的用人上出现失误。岗位分析内容一般包括工作要素分析、工作描述、工作规范。工作分析要素一般用"6W1H"来概括，即工作内容、责任者、工作岗位、工作时间、为何要这样做、服务对象，以及怎么操作；工作描述是对与工作岗位有关的工作范围、目标、责任、权利、方法、工作网络、环境、人员组合及直接上级进行描述；工作规范是完成该项工作的人员任职资格的文件，用来说明完成该项工作的人员应该具备的知识、技术、能力和其他任职资格等。

2. 人力资源招聘

人力资源招聘是人力资源管理的重要一环。创业是由一个人或几个人发起的，其具备的知识往往难以覆盖全部技术或管理内容，因此新创企业需要招聘人才。人才招聘有很多种方式，比如朋友介绍、校园招聘、招聘平台推广等。

3. 员工培养

人力资源管理还涉及员工的培养，如聘用、选拔、晋升等。新创企业不仅需要通过培养员工来满足当前工作的需要，还需要通过提升员工的素质和水平，来帮助企业建立起人力资源储备，以使其满足企业未来的发展。

4. 绩效管理

绩效管理是指，创业者为了保持员工的工作成效与企业目标的一致性而采取的一系列管理手段。绩效管理可保证组织内的个体能够"劲往一处使"。绩效管理是企业获得竞争优势的关键，目的不是要简单地评价员工的工作表现，而是要提升员工的工作绩效。

5. 薪酬管理

薪酬管理是指，根据所有员工的劳动表现和绩效对员工进行有偿支付，并就支付标准、支付水平、支付结构进行安排的过程。良好的薪酬管理首先应该满足企业的发展战略，促进企业的可持续发展；其次能够强化企业的核心价值观，使员工队伍变得稳定和高效；最后能够提升员工的知识储备，促进员工的能力开发，进而实现员工个人目标与组织目标的协调，并能够有效地控制人力成本。换句话说，薪酬管理的目标就是少花钱、多办事，既能使员工满意，又能保障企业的正常发展。

（二）新创企业的营销管理

新创企业的潜在客户由于对企业不够熟悉，往往会对新创企业的实力、产品或服务的质量、经营者的信誉等怀有疑虑。打消客户疑虑，获得市场认可，关系到新创企业的成长和发展，也关系到新创企业是否能够很好地规避市场风险。因此，制定合理的营销策略，充分展示产品和服务的独特性和不可替代性，是新创企业在市场中站稳脚跟的有效手段。

新创企业营销的首要目标是使企业快速获得市场和客户的认可，进而保障企业生存。同时，新创企业的营销应以机会为导向，注重市场关系的构建。

新创企业的营销管理可以从以下几个方面进行。

1. 产品管理

创业者需要在企业创立初期认真研究市场，拓展产品和市场的边界，从市场中寻找适合的消费群体。新创企业在制定产品策略的过程中，应首先设计好的品牌，具备清晰的产品上市思路，集中所有优势和资源，从产品差异化切入，逐步打开市场。

2. 价格管理

新创企业在开发出新产品后，需要给这个产品制定出合适的价格。根据市场需求的不同和产品自身的特点，创业者可采取不同的价格策略，比如在新产品定价方面，采取渗透定价、满意定价、折扣定价、心理定价、差别定价等手段，实现产品价格与客户需求的无缝对接。

3. 渠道管理

产品通过销售渠道可实现从生产端向消费端的转移。渠道的起点是生产者，终点是消费者，中间的各类批发商、代理商、分销机构等就是渠道。新创企业建立自己的销售渠道可以以"产品招商—选择经销商—选择渠道模式—设计渠道结构—建立管理体系—完善渠道政策"的步骤开展。

4. 促销管理

促销是促进销售的简称，是指公司将产品信息传达给客户或消费者，并通过一些活动影响消费者，以激励其购买某项产品或服务，并对该产品产生信赖的行为。促销有人员推销、广告营销、营销推广、公共关系营销等手段。

（三）新创企业的财务管理

企业成立初期的财务管理制度关系到新创企业的正常发展，企业发展的不同阶段有不同的特点，针对这些不同特点又要求建立不同的财务管理制度。企业成立初期的财务管理不同于其他阶段，其主要目标应该定位在效率和风险控制。

1. 合理设置企业财会机构

企业财会工作包括会计和财务管理两项工作。大部分新创企业实力不够、人手不足，一般采取"财会合一"的方式。"财会合一"是指会计机构和财务机构合二为一，较适合小型企业。但随着企业的发展壮大，"财会分设"是必然趋势。

2. 选择满足企业需要的财会人员

新创企业在发展初期，相比招聘最优秀的财会人员，不如招聘最合适的。通俗一点说，就是只选最对的，不选最好的。首先，新创企业的财会人员应该具有良好的职业道德，做到爱岗敬业、依法办事、客观公正、熟悉法规、搞好服务、保守秘密；其次，应该具有合理的知识结构，应该了解宏观经济、产业经济、金融、行业业务、战略管理、生产管理、质量管理等方面的知识；最后，应该具备解决问题的职业能力。财会人员的职业能力分为一般能力和专业能力。一般能力包括分析能力、创新能力、组织能力、协调能力、沟通能力等；专业能力包括参与决策的能力、预算管理能力、监督能力、审计能力等。

3. 创建财务管理决策的机制

企业经营成功但财务失败，原因是缺乏财务管理人员参与决策的机制。创建财务管理决策的机制，首先应该规范公司法人治理，规范公司法人治理是创建财务管理决策机制的重要前提；其次是建立和实施财务总监制度，这是落实财务管理人员参与决策机制的重要保证。

4. 设计简单而高效的财会制度

新创企业的财会制度应该具有合法性、系统性、针对性、可操作性和成本效益性。企业财会制度的设计思路和方法包括设定财会管理目标、明确财会工作职责、设计财会业务流程、表单以及软件应用等。

5. 建立业务财务相互沟通的制度

新创企业中业务和财务若产生冲突就会降低财务管理效率，这主要是因为双方对目标理解不同，部门利益和公司利益产生冲突，业务人员和财务人员工作职责不同、思维方式不同等。新创企业可采取确立共同目标，组织跨部门业务知识培训等方式，建立双方顺畅沟通的制度。

（四）新创企业的战略管理

创业初期，企业系统内权利相对集中，有可能使系统内各部门之间的权责失衡，并由于缺乏协调而降低工作效率。在企业发展规划方面，初创企业应将注意力放在对市场机会的开发、把握上，以现有可以利用的市场机会确定经营方向，包括远景目标的设立，以及实现远景目标的战略规划；在管理方面，初创企业可通过有效沟通并提供有力激励，团结所有能够合作和能够提供帮助的人，率领大家朝着某个共同方向前进；在过程控制方面，初创企业应尽量减小计划执行中的偏差，确保主要绩效指标的实现。

总之，大部分初创企业最开始并没有规范的管理模式，但经过不断实践，并充分考虑企业自身的现实需要，最终都能够形成有利于初创企业发展的管理模式。对于创业者来说，了解初创企业自身的特殊性，对于人才、市场、财务等问题有敏锐的感知，能够发现问题并及时解决问题，才不会危及企业的生存。

第二节　更上一层楼——企业成长管理

经过创业初期的各种困难，你终于创建起了自己的企业。此时，你可能踌躇满志，也可能略带迷茫。对于企业未来的发展，你有必要了解以下这些内容。

一、新企业的成长

（一）企业成长的定义

成长一般是指事物的发展、增强，是事物从无序到有序，从低序到高序，从无组织或低组织化状态到高度组织化状态的变化过程。英国学者伊迪丝·彭罗斯认为，企业成长扩大了规模，增强了资源获取能力；特瓦沙和纽波特认为，成长涉及一个组织的增强能力，使其在复杂的环境中得以生存并走向繁荣；科斯认为，企业成长是企业功能的扩展。

国内学者中，汤文仙、李攀峰从规模、知识和制度维度，说明企业成长是一个过程；李政认为企业成长是量变与质变结合的过程；曾经的国家经济贸易委员会等部门的报告中曾指出，所谓成长型中小企业是指，在较长时期内具有挖掘未利用资源的能力，不同程度表现出整体扩张的态势，未来发展预期良好的中小企业。

（二）企业成长理论——企业生命周期理论

美国管理学家伊查克·艾迪思从企业成长的角度提出了企业生命周期理论。他将企业的成长分为四个阶段、十个时期，这四个阶段为形成期、成长期、成熟期、衰退期或蜕变期（见图 8-2-1），十个时期为孕育期、婴儿期、学步期、青春期、盛年期、稳定期、贵族期、官僚化早期、官僚期、死亡（见图 8-2-2）。

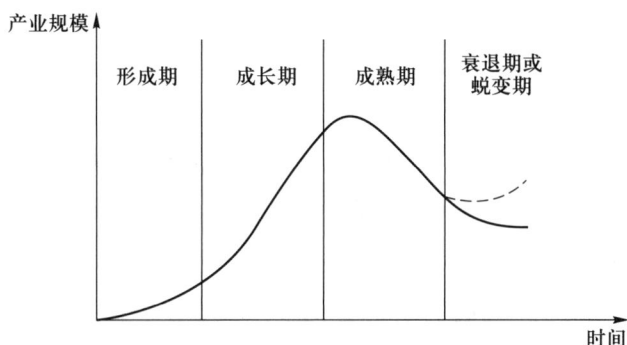

图 8-2-1　企业成长的四个阶段

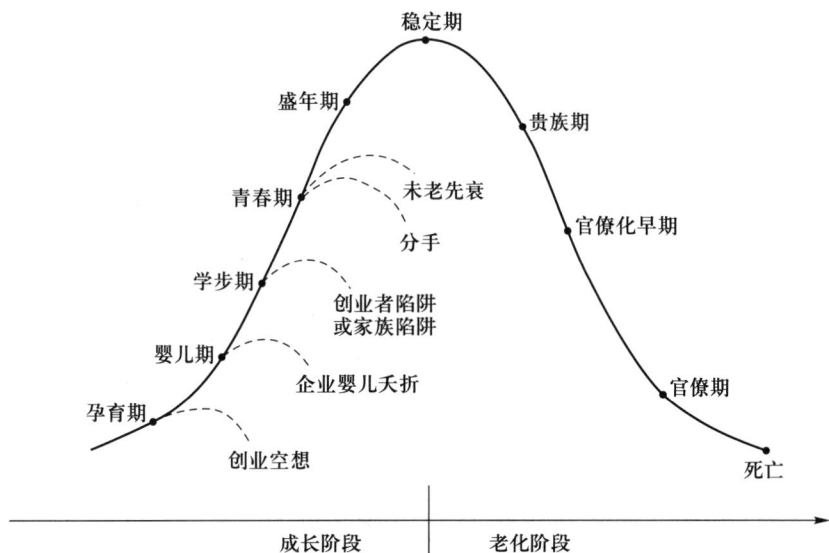

图 8-2-2　企业成长的十个时期

依据企业生命周期理论，人们通常把处于形成期和成长期的企业统称为新企业。新企业的成长对于企业的发展来说至关重要。有数据显示，新创企业中约22%死在形成期，约67%死在成长期。创业者只有深入了解企业成长阶段的特征、面临的挑战，为企业成长做好准备，才能更好地让企业"长大""活好"。

（三）企业成长的各个阶段

企业是否能够健康成长并顺利进入下一个发展阶段，关键在于是否能够遵循每个阶段企业成长的规律，并解决这一阶段企业出现的运营问题。

1. 形成期

在形成期，企业一般来说规模较小，企业形态尚未确定，发展速度处于较低水平，缺乏明确的发展目标，对于产品或服务也缺乏标准意识。此时，企业的管理者自身缺乏经验积累，无法制定出明确的长期目标及相应标准；同时，由于企业尚处于发展初期，未来态势不明朗，企业对员工的实际吸引力不高。因此，企业的管理者应当采取亲和的管理风格，集中精力与员工建立良好的关系，培养和谐的组织氛围，加强组织的内在吸引力；同时由于企业整体经验的缺乏，管理者应当鼓励员工发挥主观能动性，积极探索尝试，以明确组织未来的发展方向。

2. 成长期

在成长期，企业得以快速成长，创业者转变为管理者，需要为企业建立规范的管理机制，使企业的组织结构发挥作用，并能够贯彻先前制定出来的经营计划。这一阶段，企业承受的主要是增长的压力。

后文将对此阶段的经营特征做出详细解读。

3. 成熟期

企业经历了成长期的快速发展以后，逐步进入成熟期。处于这一阶段的企业，已经积累了丰富的管理经验，规章制度已经较为健全，增长速度放缓，企业开始稳步增长。在这一时期，企业会进行系统的职能设计，在生产作业、营销、人力资源等方面的管理程序变得有序，并开始形成核心竟争力。

如前所述，企业在发展初期，消耗了大量的资源，投入了大量的资金，进入成熟期后，企业的经营管理有了一定的成效，企业投入的资金也开始回笼。在这一阶段企业的关注点开始发生变化，企业首先关注的是利润的增长，如何获得稳定的利润是企业首先要考虑的；其次是市场地位，企业需要稳固其在市场中的地位，掌握别人不具备的资源；第三是竞争优势，企业千方百计建立其核心优势，做到人无我有，人有我强。

4. 衰退期或蜕变期

进入衰退期后，企业的创新和创业精神逐渐消退，系统内的组织日渐僵化，流程运作变得困难，效率趋于低下，企业业绩下滑、凝聚力降低、适应性差等衰败症状开始显现，大部分企业由此走向衰落。

这是问题，同时也是机会。当问题出现的时候，也是企业重新崛起获得新生的机会。这时候企业需要进行全面再造，进行全方位的革新，以获得新的发展机会。在这一时期，企业需要从根本上重新审视前期的发展理念，并审查长期以来企业在经营过程中所遵循的分工思想、等级制度、经营体系、官僚体制，研究它们是否与新的环境相适应，并及时对不适应的部分进行脱胎换骨式的彻底改造。

积极进取、不断革新的企业通过寻找新的生态圈，通过剧烈的业务变革，进入持续发展期，实现永续经营的目标，表现出更强的生命力和竞争优势。这就是图8-2-3中线条末端分叉上扬部分的状态，称为蜕变期，它是处于衰退期的企业破茧重生的机会。

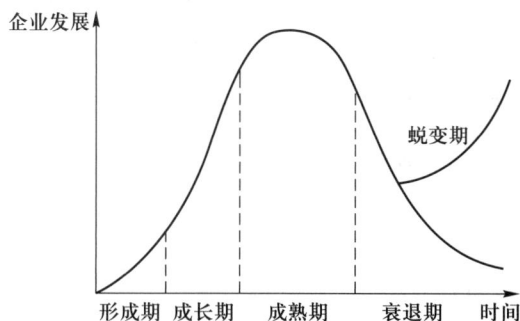

图 8-2-3　企业的蜕变期

二、企业成长期的特征

总体来说，企业成长期具有增长速度加快、专业化水平提高、企业管理走向正轨、创新创造力增强、产品方向基本确定等综合特征，但也存在诸多问题和障碍。杨玲玲在其论文《企业成长期战略选择研究》中，指出了成长期企业的几个特征。

（一）成长前景良好

进入成长期的新创企业，有很好的发展前景，产品或服务的市场需求不断增强，企业呈现出良好的发展态势，但是企业目标不够长远，在一定程度上缺乏社会责任感。处于成长期的企业，其产品或服务已成功推向市场，并建立了一定的知名度和美誉度，吸引了一批带有黏性的客户，同时不断吸引潜在的新客户。这个时期，如果企业能够合理分配有限的资源，在市场上抓住自身产品或服务快速增长的时机，就可以使产品的销售继续稳定增长，推动市场份额的进一步扩大，从而形成企业的核心竞争优势。

（二）发展目标不够明晰

在创业之初，新创企业会提出这样或那样的企业发展目标，但往往因为未得到市场的检验而显得不切实际。企业在进入成长期后，由于生存的压力，往往会抛弃先前制定的发展目标，或出现与先前目标较大的偏离，从而使企业在今后的发展方向上产生较大的盲目性。对处于成长期的企业而言，缺乏一个长期的、清晰的、对社会负责任的企业目标，可能会成为其致命弱点，对于成长期的企业发展也会产生很多不利的影响，比如使企业组织丧失活力，使企业迷失前进的方向，使经营管理产生混乱，决策和投资出现重大失误，从而使组织资源分散，资源利用效率降低，竞争优势丧失，等等。

（三）风险依然存在

相比形成期，成长期企业的产品或服务逐渐被市场所接受，团队销售能力增强，生产规模扩大，核心业务迅速增长，发展速度不断加快。这一时期的经营风险略有减少，但依然存在。这主要是因为企业的高速成长开始引起竞争对手的注意，并促使竞争对手为了减少竞争而采取一些措施，比如通过设置进入障碍、低价倾销、垄断中间商等方式来限制、阻止成长期企业的进一步发展。此外，进入成长期的企业，由于市场的扩张与销售规模的扩大，管理者可能会缺乏更深层次的思考，制定不切实际的规划与目标，比如企业掉入多元化陷阱，这也想干那也想干，导致企业规模迅速膨胀，企业资源大面积分散，资源配置效率降低，甚至可能给企业的经营管理和效益增长带来沉重负担。

（四）管理压力加大

随着企业规模的扩大，创业者在管理上会感到力不从心，比如虽然聘请了职业经理人，却难以放权，导致新进入的管理者无法顺利开展工作。随着企业经营规模和人员规模的扩大，管理日趋复杂，如果领导者精力有限又抵触企业规则，那么企业成长过程中的风险就会增大。

这一阶段，企业的组织结构与形成期相比更加趋于扁平化，内部管理机制已初步建立，管理活动也更加规范。在外界越来越大的竞争压力面前，集权式的管理变得不再适应企业的发展，同时也不能再像创业初期那样，管理者事必躬亲，过于集权。

（五）内部控制体系有待完善

在这一阶段，企业逐步建立了内部控制制度，如设置了独立的财务部门，实施了规范的会计核算制度等，但企业的内部控制体系还未完善，正处于从建立到健全的过渡阶段。企业发展速度快，内部充满了前进的动力，因此在这一阶段，内部控制主要还是以内部财务控制为主。由于筹集资金是这一时期企业运营的重要环节，对于筹资的内部控制成为这一时期企业内部控制的重点。销售和应收账款内部控制、采购和应付账款内部控制等，目前尚待成熟。

（六）销售尚有不确定性

随着企业的快速发展，企业的产品或服务逐渐被顾客所接受，其整体增长速度日益增加，市场份额逐渐扩大，团队营销能力也在不断提高。企业的人力资源、技术、品牌、商业信誉等无形资源日益增加，企业的工厂、机器设备、资金等有形资源也具备了一定的规模。这一阶段的公司具有很强的活力，实力也很强，发展的速度也很快。

但这一阶段企业的市场营销还存在较大的不确定性，发展速度可能会有波动，比如市场的变化、客户需求的改变等不确定性使市场营销遇到问题。对于那些在夹缝中求生存的成长期中小企业而言更是如此。这是因为，其所开发出的市场一般是新市场，属于引导性消费需求，摸着石头过河，其市场容量难以预测，这导致成长期企业特别是成长期中小型企业面临的风险更大。

（七）融资仍有困难

成长期的公司对于资本市场具有较强的吸引力，其自身的投资需求也在增加，此时制约企业成长的主要问题仍然是融资困难。企业发展到成长期，相对于形成期而言，生产经营活动已经比较稳定，其旺盛的发展势头显示出巨大的发展潜力。与之相对应的是，企业的强劲发展、产品销量的增加、市场的不断拓展等优秀业绩，使它们在资本市场上备受投资者和潜在投资者的青睐。

另一方面，产品或服务的市场份额不断扩大，使得企业为了满足日益增长的场地、生产设备、原材料、工人工资以及广告宣传费用等需求，必须投入大量资金进行生产和市场拓展，因而企业的总体投资需求较高。较高的投资需求导致这一阶段的运营成本较高，企业处于微利状态，对现金的控制也越来越重视，管理者既不愿意分配现金，也不愿意分配股息，这就会使投资者和企业经营者之间产生矛盾。

从当前来看，我国成长期企业最为迫切的问题仍然是融资困难，融资过程中的结构性矛盾仍然十分突出。如从企业融资难度来看，部分大中型企业融资容易而中小微企业融资困难；从信贷周期来看，存在着短期资金充裕而长期投资不足的问题；从资金来源来看，又有内源性融资过度而外源性融资不足的问题；从融资方式来看，又有债务融资过度而权益融资不足等问题。

针对以上问题，虽然国家制定了有关扶持成长期企业发展的多项政策，但实际操作起来困难很大，政策在地方上需要贯彻落实，这使得成长期企业的融资问题非常突出，"缺钱"成了影响成长期企业发展的一大障碍。

（八）人力资源需求增长

经历了形成期生存下来的企业，进入成长期后，以前单纯靠成员的创业激情和个人热情来维持运作的管理模式，已经越来越不适应企业的发展。这一阶段的人力资源管理已经具备较正式的政策和程序，制度也在不断健全，人力资源管理开始变得规范。

此时企业关注的重点是如何获得持续、快速、稳定的发展。这一阶段典型的特征是产品或服务市场扩大、部门增多、规模扩张，生产人员和销售人员大增。企业需要留住精兵强将，并且确保他们对企业的忠诚。

不仅如此，这一阶段企业对员工的素质有更高的要求，不但要求拿来能用，而且要求上手快、效率高。由于规模扩大、人员增多，所以需要设置不同的部门，需要进行细致的工作分析，来界定各个部门之间以及部门内部成员之间的工作与活动。这要求人力资源管理必须改变状况，企业要由专业的人力资源管理人员或部门实施管理。

虽然企业在成长期开始重视人才的作用，并积极进行人力资源开发，出台措施调动人的积极性，使其为企业做出更大的贡献，但这些目标大都通过分配制度的倾斜实现，没有从根本上改变员工被动接受管理的局面，不能以人的全面发展为核心内容，从而导致企业向心力不足。

（九）企业文化需要建立

成长期是企业文化积累和发展的关键时期。这一阶段企业开始进入良性发展轨道，从关注外部因素向关注内部因素转变，从考虑外部顾客的需求，也开始转向优先考虑企业的需求。加强组织建设，健全规章制度、行为规范和道德准则就变得非常重要。这一阶段的企业文化应该由形成期的外部物质文化上升到制度文化，并逐步形成对企业发展有利的、也被员工普遍认同的核心价值观。处于这一阶段的企业文化，已经与形成期的企业文化不同，不再受企业创立者个人观念的主导，而是受到所处时代特征的影响。这一阶段的企业文化是多种思想经过博弈的结果。

通过观察大多数的创业企业可以发现，很多发展势头良好的企业最终却不能长久存活，其根本原因是，没有协调好企业发展与文化建设之间的关系，没有关注企业文化理念的核心。因此，处于成长期的企业需要构建起与自身特点相适应的文化，这种文化应该强调进取和创新，应该注重不断开发新产品以满足市场的变化。

三、企业快速成长战略

企业成长是一个动态的过程，是通过创新、变革和强化管理等手段，积蓄、整合资源并促使资源增值，进而追求企业持续发展的过程。企业成长包括"质"和"量"两个方面，企业成长的"质"，主要表现为变革与创新能力，即经营资源的性质变化、结构的重组等；企业成长的"量"，主要表现为企业经营资源的变化，即销售额、资产规模、利润、人力资源增加等。

所谓成长型企业，是指在较长时期（如5年以上）内，具有持续挖掘未利用资源的能力，不同程度地表现出整体扩张的态势，未来发展预期良好的企业。一般情况下，人们将销售收入增长速度超过行业增长速度，同时职工人数相对于创业初期有大幅度增加的企业定义为成长型企业。

在一个企业的成长过程中，创业者很难预料快速成长的机会什么时候到来，但企业要时刻做好成长准备。

（一）确定合理的目标

在一个成长期企业的战略规划中，首要的问题不是什么市场有最大成长潜力，而是每个市场的最低成长限度是什么，哪个市场能为企业提供最好的机会。企业的成长目标必须合理。企业需要在风险和各种资源回报之间取得平衡，若超过平衡点，利润率虽然得以提高，但风险也会大大增加；但若低于平衡点，风险虽然小了，却可能使生产率和利润率急剧下降，企业的市场地位有可能受到威胁。

（二）营造学习的氛围

只有为企业成长做出准备，才能够在消除成长障碍时，帮助企业快速成长。一个企业为了获得成长能力，就必须在内部营造一种继续学习的气氛。它必须使所有成员都愿意准备承担新的、不同的、更重大的责任，并把这看成是理所当然的事情。组织内每位成员的学习成长，既会带动他人，又会创造出学习型组织的氛围。所有人的学习能力得到提高，聚沙成塔，也会使公司获得成长能力。

（三）储备充足的人才

人才储备是指为了企业的长远发展战略，在准确把握企业的战略目标和人力资源规划后，通过对人才从层次、数量、结构上进行设计优化，并实行长期的有针对性的人才培养，以保证人才能够满足企业长远发展目标。人才储备需要对人才的现状进行深入分析，从企业的发展目标出发，判断人才与企业环境是否匹配、人才的总体结构是否合理，人才的数量是否够用。储备足量的优质人才，使他们人尽其才，才尽其用，可以使企业在激烈的竞争中占据人才优势，使优秀人才带动企业发展，并使企业获得持续的竞争优势。

成长期企业的管理者可以从外部引进各类专家或专门人才。但是，从根本上来说，人才应该来自企业内部。那些来自企业内部的人才，了解企业、热爱企业、愿意为企业发展做出贡献，这些人才的储备应该是企业的优先事项。

（四）做好财务规划

成长型企业的管理者必须为建立一个更大的企业做好财务上的规划。若没有好的财务规划，当企业开始成长时，却发现处于财务危机之中，则极可能使企业遭受挫折。对于中小型企业来说，即使是规模不大的成长幅度，也会很快超过企业的财务基础，在很少被人注意的领域企业会出现财务上的问题，使现有的资本结构安排不起作用。财务战略对企业成长至关重要，其重要性不亚于产品本身。

（五）建立企业文化

企业价值观是支持企业发展的灵魂，它虽然存在于无形，却渗透在企业发展的方方面面。

大多数快速成长的企业都有比较固定的企业价值观，用以支持企业的健康发展。对小企业而言，企业价值观一般是企业创建者自身价值取向的体现。这种价值取向直接影响着企业的发展。对成功企业的研究表明，在企业发展过程中，只有很少一部分企业改变了原有的价值取向，大部分企业的价值观变化不大。企业价值观的稳定性保证了企业发展的稳定性，也便于企业管理者与员工掌握企业发展过程中的关键节点。

快速成长型企业的创建者应该热爱自己所从事的事业，学会审时度势，培育符合社会发展的价值观念，并倾注全部心血使企业的价值观得以延续。

（六）注重企业成长

每个企业在成长过程中都会遇到各种各样的障碍，有的企业在障碍面前止步不前，甚至逐渐衰败；有的企业则将障碍变成动力，适时变革，积极应对，实现了新的发展。对企业实际做法的研究表明，差别在于经营者应对障碍的方式、方法不同：一般中小企业经营者采取的是被动应对的方式，用"救火式"的方法应对发生的各种问题，结果是"按下葫芦起来瓢"，问题反而变得更多、更复杂；真正的企业家则会采取不一样的办法，他们注重变革和创新，用成长的方式解决成长过程中出现的问题。

用成长的方式解决成长过程中出现的问题，其本质是推动并领导变革。从快速成长企业的实际经验看，企业家在以下几方面往往表现得更为突出。

1. 注重在成长期主动变革

创新和变革是推动企业乃至社会发展的重要力量，但需要付出成本。企业在创建初期特别是成长期实施变革的成本小，所谓"船小好调头"，因为成长性强可以为企业提供变革所需要的资源，可以吸引优秀人才，进而减少来自内部的变革阻力。

2. 注重把握变革的切入点

企业变革不可能一下子全面铺开，需要准确把握切入点，由点到面，层层深入。例如，太太药业公司从改变销售策略入手推进变革，海尔集团从砸冰箱树立质量意识入手，这些都是把握变革切入点的成功案例。这种策略有很多好处，首先是变革的成本比较小，能够发挥实验性研究的作用。其次是见效快。变革的阻力主要是人们对未来发展的顾虑，对变革成功的怀疑。把握好切入点，从局部推进变革，往往可以在短期内取得效果，进而增强人们对变革的信心。再次是这种方式的变革容易被控制，不至于造成失控。

3. 注重系统建设

弗莱姆兹这样描述经营系统：建立经营系统是为了有效地工作，一个企业不仅要从事生产或服务，而且要合理地管理基本的日常经营活动。经营系统是企业开展经营管理工作的"平台"。建立一个成功的企业，首要任务是建立辅助这些日常经营活动的体系，即经营系统。企业在创建初期容易忽略经营系统的建立和发展，但随着企业在规模上的扩大，特别是当规模超过了其组织管理的运作能力时，这些系统就会承受到越来越大的压力。

当企业进入快速成长期，很多问题就会被迅速增长的市场销售额与利润掩盖，而使创业者忽略企业发展的潜在风险。只有认真研究企业发展规律，解决好可能存在的问题，才能使企业平稳发展、长远发展。

参 考 文 献

请扫描二维码获取

参考文献

郑重声明

高等教育出版社依法对本书享有专有出版权。任何未经许可的复制、销售行为均违反《中华人民共和国著作权法》，其行为人将承担相应的民事责任和行政责任；构成犯罪的，将被依法追究刑事责任。为了维护市场秩序，保护读者的合法权益，避免读者误用盗版书造成不良后果，我社将配合行政执法部门和司法机关对违法犯罪的单位和个人进行严厉打击。社会各界人士如发现上述侵权行为，希望及时举报，我社将奖励举报有功人员。

反盗版举报电话　（010）58581999　58582371

反盗版举报邮箱　dd@hep.com.cn

通信地址　北京市西城区德外大街 4 号　高等教育出版社法律事务部

邮政编码　100120

读者意见反馈

为收集对教材的意见建议，进一步完善教材编写并做好服务工作，读者可将对本教材的意见建议通过如下渠道反馈至我社。

咨询电话　400-810-0598

反馈邮箱　hepsci@pub.hep.cn

通信地址　北京市朝阳区惠新东街 4 号富盛大厦 1 座

　　　　　　高等教育出版社理科事业部

邮政编码　100029

防伪查询说明

用户购书后刮开封底防伪涂层，使用手机微信等软件扫描二维码，会跳转至防伪查询网页，获得所购图书详细信息。

防伪客服电话　（010）58582300